邓湘子
作品馆

书里的精灵

邓湘子／著

湖南少年儿童出版社

图书在版编目（CIP）数据

书里的精灵 / 邓湘子著. —长沙：湖南少年儿童出版社, 2017.5（2019.6重印）
（邓湘子作品馆）
ISBN 978-7-5562-1412-9

Ⅰ. ①书… Ⅱ. ①邓… Ⅲ. ①散文集—中国—当代
Ⅳ. ①I267

中国版本图书馆CIP数据核字(2017)第012945号

书里的精灵

Shu Li De Jingling

责任编辑：杨　巧
装帧设计：王　悦
插图绘制：孔　雀
质量总监：阳　梅

出 版 人：胡　坚
出版发行：湖南少年儿童出版社　　地　址：湖南省长沙市晚报大道 89 号
邮　编：410016
电　话：0731-82196340 82196334（销售部）0731-82196313（总编室）
传　真：0731-82199308（销售部）0731-82196330（综合管理部）
经　销：新华书店
常年法律顾问：湖南云桥律师事务所　张晓军律师

印　刷：长沙超峰印刷有限公司　　开　本：880mm×1230mm 1/32
印　张：6.75　　字　数：12 万
版　次：2017 年 6 月第 1 版　　印　次：2019 年 6月第 3 次印刷
印　数：14001-29000
书　号：ISBN 978-7-5562-1412-9
定　价：20.00 元

邓湘子

邓湘子，编审，中国作家协会会员，《小学生导刊》杂志主编。湖南绥宁县人，1964年出生。出版有儿童小说集《雪魂》《一双鞋能走多远》，长篇儿童小说《像风一样奔跑》《牛说话》《兔子班的新奇事》《蓼花鼎罐》《摘臭皮柑的孩子》等。获第九届全国优秀儿童文学奖，第五届中华优秀出版物奖，首届中国出版政府奖图书奖（提名），第三届全国优秀少儿读物奖，第四届冰心儿童文学新作奖，首届张天翼奖宝葫芦大奖，第十六届湖南青年文学奖。《像风一样奔跑》入选“百年百部中国儿童文学经典书系”。

目录 — Contents

目录 | Contents

第一辑 一本书是一块魔毯

目 录 | Contents

第二辑 寻找阅读的路线图

目　录 | Contents

第三辑 成长的力量在闪光

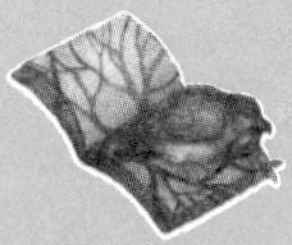

第一辑

一本书是一块魔毯

尘土中的金屑和纯金般的心

我们或多或少地读过安徒生、普里什文等杰出作家的作品，他们拥有一种什么样的“魔法”或“魔力”，能够写出如此感动心灵的故事和不朽的文字？

康·帕乌斯托夫斯基告诉我们，丹麦童话作家安徒生的“魔法”就是——

他有一种能力，对每条小路和每步路程中偶然碰到的一切有趣和美好的事物都善于感到欢乐。

看来，把这种特点称为能力是不正确的，把它称为天才要确切得多。这是一种发现那些往往被懒人忽视的事物的罕见的才能。

我们常常在地上行走，然而我们是否常常产生这种意愿，想弯下腰来细看这块土地，研究我们脚下的一切事物呢？假如我们弯下身子，或者更进一步——趴在地上，对它加以观察，那么在每一寸土地上我们都会发现许多很有趣的东西。

普里什文是俄罗斯作家中用心灵观察和描写大自然的代表性人物，从他早期的《在飞鸟不惊的地方》和《小圆面包》，到后来的《大自然的日历》《太阳的宝库》，“这一切都充满了美，充满了生活的真谛”，“蕴含着最纯洁的诗的汁液”。这是因为——

他是一个脚踏实地的人，是“湿润的大地母亲”的儿子，他是周围世界正在发生的一切事件的参与者和目睹者。

普里什文的魅力的秘诀，他的魔法的秘诀，就在于他的洞察力。

这是那种在每一件小事中都能够发现饶有趣味和含有深义的东西、在我们周围现实有时令人讨厌的外表下发现大地生活的深刻内涵的洞察力。

康·帕乌斯托夫斯基是苏联优秀作家，创作过大量小说和散文。他有着一种执着的热情，有着一种探究和审美的好奇，对其他作家和艺术家的劳动过程，对艺术创作的秘密，对一个艺术家为什么那么有魅力，都怀着极大的兴趣，带着善良而美好的心情，去品味、去吟咏、去探索。他写的两部独特的散文佳作，即《金蔷薇》和《面向秋野》，采用抒情的笔调和故事形式，夹叙夹议地讨论文学艺术问题，呈现出美不胜收的对于文学艺术的感悟。他是一个在别人的创作中努力发掘美的探究者，对于读者来说，他是一位美的引导者和启悟者。

《金蔷薇》这部书，通过一篇篇优美的文章，发掘着人类、自然和艺术创作中的“永恒之光”。书中记叙了一个动人的故事。主人翁夏米是一个退休的老军人，当他还是个法国大兵时，便在心中默默地爱着军队团长的女儿苏珊娜。那时她还是个小女孩。他负责照顾她，讲故事给她听，帮她梳头，逗她笑，后来忍痛把她送回异乡的姑妈家，留给自己无限的牵挂与回味。很多年过去了，夏米流落成为城市的清洁工，一天他与苏珊娜在街头重逢了。当时苏珊娜正被轻浮的情人抛弃，陷入哀伤。夏米不赞同苏珊娜的选择，还是安慰她，克制自己，努力帮助他们和好。当苏珊娜终于被情人接走后，夏米开始保留每天在银匠那儿收集到的废弃尘土，他知道这些尘土中掺杂着些许被锉下来的微小的金屑。他想把金屑从尘土里筛出来，铸成一小块金锭，用它打成一朵金蔷薇，他要将这朵金蔷薇送给苏珊娜，祝愿她幸福。最后，当金蔷薇终于成形时，苏珊娜却已前往美国没了音讯。夏米死了，带着祝福的微笑。

《面向秋野》一书用大量的篇幅，记述了许多前辈作家和同时代作家，对他们的生平与创作做了生动的描述和精辟的评论。这些文章既是给人启示的文艺随笔，又是清新优美的抒情散文，让读者体味到一种秋天里阳光般的温暖。

康·帕乌斯托夫斯基的文字总是温情脉脉的。他和颜悦色，心平气和，他的爱似乎比谁都要宽广和深沉。在他的文字中，我们常常会情不自禁地沉浸于他笔下的俄罗斯大自然，醉心于他所描画的俄罗斯大地的美景，那些文字饱含深情，仿佛给我们带来了一个永久的梦境。只有真正热爱大自然的人，才会以如此细腻的笔墨传达出那种人与自然的感情。

在谈到自己的文学创作时，康·帕乌斯托夫斯基曾经说过："我总是和自己的主人公共命运，总是试图在他们身上发现善良的品质，展示他们的本质和他们身上有时不为人察觉的独特性。"在探索其他作家的创作心灵时，他同样深入到那些人的内心世界，揭示出艺术创作的一个秘密——作家是出于自由的动机写作的，伟大的作家和艺术家正像那位清洁工夏米，将自己从生活的尘土中收集的金屑，耐心地锻造成金蔷薇，把默默的祝福和自我牺牲的温柔之花奉献给人类。

《金蔷薇》和《面向秋野》这两部著作，有如一把开启艺术创作宝库的金钥匙，尽管时光在不停歇地匆匆流逝，但那些美好的文字仍然闪耀着不褪色的光芒。我们在这样的阅读过程中，能够获得一种探究的冲动和审美的好奇，对作家和艺术家的劳动过程有具体了解，对艺术创作的秘密有惊喜的发现，从而得到心灵的启动和情感的觉悟。只有用心灵去感悟心灵，用生命去理解生命，我们才会在阅读过程中，发现蕴藏在文字之中的真正美好的东西，真正感受到阅读的魅力。

康·帕乌斯托夫斯基这样告诉我们——

用初次的眼光去观察一切，没有因袭的重担，每次都像重新观察——是孩子和画家所固有的，对于作家来说也是必不可少的。只有这样，他的一举一动，一言一语，每个事物——不管是彩虹还是一块断开的无烟煤——都会获得一种新奇的力量，一种初次发现的力量。

我们的阅读行为何尝不是如此呢？我们所需要的并不是一些机械的教条，一把冷冰冰的解剖刀，而是需要获得“发现的力量”，需要获得一种智慧的感悟。

聆听大师的声音

我在书店里看到一本刚出版的《沈从文晚年口述》的新书，随书赠送一张沈从文先生晚年谈话的光盘，喜出望外地买下了。赶紧回家把光盘放在电脑里，听到了沈从文先生的声音，感觉到一种异样的欣喜。

光盘里的五个谈话录音，是沈从文先生 1981 年回湖南时在几个座谈会上的发言。谈话的录音效果很不理想，杂音干扰很大，听起来并不清晰，但沈先生谦和的声音和浓重的方言是可以感觉出来的。对着书本且读且听，心中升起一股温暖的感动来了。在省文联的讲话，已经快八十岁的沈先生开头一句说——

我站起来，我站着才有力量，因为这是我养成的一个职业病。

对于沈先生自己来说，这句话颇为写实。但我听了，为他“站着才有力量”肃然起敬的同时，也为他的“职业病”而感伤。

沈从文先生是湖南凤凰人，只受过小学教育，早年当兵，20岁到北京，求学未成，在极其艰难的环境下练习写作，成为独具风格的作家和很受学生欢迎的大学教授。他是一个极其认真的人，做每一件事情，都极其投入。谈到自己的文学创作，他说——

这世界上或有想在沙基或水面上建造崇楼杰阁的人，那可不是我。我只想造希腊小庙。选山地做基础，用坚硬石头堆砌它。精致，结实，匀称，形体虽小而不纤巧，是我理想的建筑。这神庙供奉的是“人性”……

我是相当蠢笨的一个人，我就是有耐烦，耐烦改。特别是改，这改大家不能一下想象，有朋友写道——巴金什么的说我“最耐烦改了”，因为改来改去，改来改去我文字就通顺了。

“人性”二字概括出他的文学追求，他的价值取向。而这“耐烦”二字，道出来的不仅仅是沈先生面对写作的态度，也是他在社会大动荡之中对待人生的态度。那是耐得住寂寞，耐得住苦难的折磨，耐得住事业的彻底失去和艰难的重新开始。

作为一代文学大师，沈先生的小说和散文描绘了一幅幅流动着原始活力的乡村风俗画，洋溢着独特的自然美和人性美，代表作《边城》描绘湘西风土人情，富有牧歌情调。到了1949年解放时，时代巨变也成为沈先生人生的大转折，他失去了在北京大学的教授资格，中止了文学创作事业，在中国历史博物院、故宫博物院做过文物讲解员、文物目录的抄写员，文革时期甚至打扫过女厕所。很难想象，沈先生是怎样操着老湘西话去解说文物的，但那段经历就是上文说到的“职业病”的来源。他人到中年，就这样步入了文物研究工作，成为研究中国古代服装、丝绸等方面的杰出专家。

沈先生谈自己的经历，对经受过的苦难往往轻描淡写带过，而对于中国古代文物表现出来的丰富文化，则充满了推崇、挚爱之情。

聆听着杂音干扰严重的录音，我心中久久地感动着，温暖着。

这是我所经历的一次奇特的阅读。我并不想把自己的阅读趣味，强加给看到这篇文章的读者，只是想用自己的这次经历引出一个阅读建议。这就是，青少年朋友有选择地阅读一些文学家和科学家的演讲稿，从阅读中去聆听大师的声音，或许能获得特别的体验和非同一般的启悟。

我曾经在电视上偶然看到美籍华裔科学家李政道博士的演讲《物理的挑战》，感到非常精彩。李政道博士说——

1905年，爱因斯坦提出了狭义相对论。因为普朗克这个方程式的量子解释，到1925年，海森伯、薛定谔、狄拉克、费米等人就提出了量子力学。原子结构、分子物理、核能、激光、半导体、超导体、计算机等几乎绝大部分20世纪的科技文明就是从狭义相对论、量子力学而来的。就是从研究光跟地球转动的关系，就是从热发光能力的分布开始的。

这段短短的话，概括了导致20世纪高科技发明的理论源头，让我这个科学的门外汉感受到了狭义相对论与量子力学对于身边的高科技的重要作用。

李政道谈到“人才的培养”时，有一段话令人印象深刻——

现在这个世界是信息世界。高科技的工具可以很快地传达信息，可是信息并不是理解，这点很重要的，很容易误解。你使用的仪器很新，买了很大一批，信息都有了，鼠标一点就出来了。可是理解它有一个过程，这个过程就是怎样培养。培养能够创新的科学人才，一定需要好的导师。

我觉得这点非常重要，就是信息并不是理解，高科技工具是需要的，课堂教育也是需要的，可它不能完全代替理解与真正的培养。

这段话尽管不长，却两次提到“信息并不是理解”，可以看到李政道博士对“理解”的高度强调。这对不同层次的人都会有深刻启发。

后来，我逛书店时看到李政道博士的这个演讲内容，被收入到中国青年出版社《学术报告厅——科学之美》一书里，就赶紧把这本书买下了。这本书里还有杨振宁先生的《美与物理学》、丘成桐的《数学的使命》等十多篇科学家的演讲稿，都值得一读。

青少年的课外阅读，应该跳出课本，看一些表达大美、大智慧的文章。选择大师们的演讲稿作为阅读的材料，是因为他们的见解高屋建瓴。由于是演讲稿，他们会考虑讲得通俗易懂，这就为我们的阅读打开了方便之门。这样的阅读，是真正的“站在巨人的肩膀上”，即使爬上去有点儿艰难，但是非常值得去攀爬。

大文学家的演讲稿也值得阅读，鲁迅先生的《魏晋风度及文章与药及酒之关系》，就是一篇著名的演讲稿。我们学习魏晋时期的历史和文学，看看鲁迅先生的这篇演讲稿，相信我们所得到的启发将是非常丰富的。

阅读杰出人物的演讲稿，聆听他们的谈话，往往比阅读课本多一份生动的气息。留意去参加各种各样的演讲活动，去当听众或者作为演讲者，那样的学习也会多一些活泼的因素吧。

更多的人有福了

“湖南有福了。”

这是美术大家黄永玉先生写下的一句话，是他欣赏到一件艺术作品时发出的惊喜赞叹。

这到底是什么样的艺术作品？是哪一位画家的艺术创作？它居然让黄永玉先生顿生故乡之情，流露惊艳之叹！

这是一本图画书，书名叫《晒龙袍的六月六》，是当时年近不惑的湖南女画家蔡皋的作品。

蔡皋老师与黄永玉先生素未谋面。黄永玉先生这个评价，让她大受鼓舞和激励。

如今三十年过去了，《晒龙袍的六月六》已经走向世界，被更多的读者所接受，所喜爱。

这本图画书是根据湖南童话作家邬朝祝先生整理的湘西土家族民间故事进行创作的，讲述了晒龙袍的由来。

这其实是一个悲壮、沉痛的故事，一个反抗强暴、追求幸福的故事，在反抗与追求的过程中，土家族人付出了血的代价，牺牲了他们的民族英雄。

如此沉重的故事，如何用图画书的形式表达给儿童读者？这是特别有难度的一个挑战。

蔡皋老师不忌讳故事内容的“沉痛之重”。她用黑色作为背景，把故事中沉痛的内容表达得突出又强烈，可感可触，渲染出故事的氛围，成为人物命运的暗示，成为一种神秘的存在。

同时，蔡皋老师创造性地融入了“情趣之轻”。画面上，描绘出了许多日常生活中的事物，如农舍、池塘、斗笠、蓑衣、围兜、瀑布、草鞋、火把、竹梢子等；还出现了许多土家族人常见的动植物，如猫、鸡、狗、牛、鲤鱼、竹子、树林等，还有传说中的龙。这些生活元素自然地唤起读者的亲切感，激活盎然情趣，让故事情节释放的紧张气氛得到舒缓，让读者心理上得到安慰。

“沉痛之重”与“情趣之轻”的奇妙互动，使得沉重的古老故事焕发出了全新的艺术感染力，释放出更丰富的美感趣味。读者在阅读的过程中，固然受到来自情节推进的沉重压抑，却又因可感可触的生活之美、人性之美和自然之美而产生强烈的美好向往，激发对人间大善大美的热爱。

画面中的人物形象饱满、质朴、稚拙、大气。那些夸张、生动的造型，让人似曾相识，却又眼前一亮。它们唤醒成人读者的生活经验与阅读经验，让人联想到古代文物如铜鼎、瓷器、绵帛上的图案，想到古代典籍中的插图，联想到民间生活中诸如戏曲的扮妆、日用瓷器的图案。这些艺术造型都是有根的，蔡皋老师吸取民间艺术和传统文化的养料，创造出有着强烈个人特点的艺术风格。

儿童读者将在阅读中获取另一种艺术体验的路径。他们有幸在人生的初期阅读蔡老师的图画书，最初的审美熏陶来自民间艺术的滋味和营养，从而会发生对民间艺术的亲切感和审美兴趣，这将是他们走进传统艺术的一个极其珍贵的起点。

蔡皋老师笔下的图画里，造型与色彩的组合在和谐中往往构成一种相互激发的艺术张力，有着一种激活读者重新想象和创造的作用。

故事是人的故事，故事冲突是人的命运冲突。

《晒龙袍的六月六》一书里，以覃垕和他的姐姐为代表的土家族民众，与以皇帝、官差为代表的统治者之间构成了根本冲突。

覃垕是书中重点塑造的人物，这个具有神话英雄品质的土家族汉子，在出生、躲藏、突变长大、练武、拔竹、找弓、射箭、聚众反击、丢鲤鱼退官兵、挺身而出救民众、英勇牺牲等情节中，展示了他的天赋奇秉，塑造出了他生命中的神奇、勤奋、大智、大勇和大爱。

皇帝在书中只出现两次，前后形成强烈的对比。他第一次派兵抓幼小的覃垕时，显得志得意满，不可一世。可是当覃垕的三支神箭射来，他又是那么惊惶失措，丑态百出。

覃垕是被描绘得有血有肉的英雄形象，皇帝也不是一个简单的标签式角色。覃垕被杀之后，天昏地暗，日月无光，皇帝害怕了，向上天许愿，每年的六月六日、十六日、二十六日将王位让给覃垕坐，并用龙袍抱着覃垕的尸体送回了土家山寨。书中用极具表现力的图画充分地表现了人性的丰富性，在人性的层面写出意味深长的余韵，有着独特的感染力。

故事结尾是洗衣服、晒龙袍的场景，喜气洋洋，大气、大美。这样的画面呈现与蔡皋老师对民间文化的独特理解有着密切关联。她认为民间艺术本身总是带着祈福色彩，重在化解生活的悲苦，有着一种不屈不挠的积极态度。

我曾经有幸参加过一次由蔡皋老师领衔的全国少年儿童绘本大赛作品评审工作。蔡皋老师在评选孩子们创作的绘本时，有许多精彩的发言。我当时记录了一些，这里摘录几段——

画绘本是很幸福的感觉，是让孩子通过体验艺术创造获得创造幸福的能力。

绘本创作需要孩子有从生活中提炼的本领，不但要有绘画的本领，还要有导演的本领。要用图画说话，讲故事，表达他们对生活的各种感觉。比如有的画面，你仿佛能够听到各种各样的声音。

那些画面好看好玩，它的概括性、形式感、流动感，表现出了平凡生活的美丽。图画里有好多的细节，每个细节好像都在喊："瞧瞧我！瞧瞧我！"故事的味道就从细节里出来了。

我们阅读《晒龙袍的六月六》，尝试从蔡皋老师谈到的以上这些方面去重新阅读品味，一定会收获到更丰盈、更深刻、更美妙的审美体验。

赏读蔡皋老师的图画书，体会艺术之美、人性之美和自然之美，真是有福了。

成长的力量在闪光

前不久，我有机会到平江与热爱文学的朋友们交流。我说：“据我了解，优秀作家中有三个人只上过五年级。一个是沈从文先生，另一个是获诺贝尔文学奖的莫言，还有一个是你们平江人。”

大多数的朋友都知道，我说的是牧铃。

牧铃在少年时代只上了五年小学。令人感慨的是，他是出生在一个知识分子家庭，他的父母亲都毕业于20世纪20年代鼎鼎有名的湖南第一师范。牧铃上小学时，他们家的书籍多是外文书籍，可是父母决意不让他看，对他最大的愿望就是希望他成为一个自食其力的体力劳动者。

跨出小学的门槛，牧铃一脚走进了社会，靠体力劳动自谋生路，还要挣到一点米钱，养活年事已高的父母双亲。他从打零工开始，做过牧童、下乡知青、农民、供销社采购员、乡村中学教师……

让人惊奇和惊喜的是，牧铃创造的文学作品却呈现出一个视野辽阔、题材多样、景象万千的文学世界，其中从题材来说主要有三大块，一是反映乡村少年艰难成长的生活小说，二是表现大自然生命力量的动物小说，三是展示人类科技探索与创造性想象的科幻小说。可以毫不夸张地说，在中国当代作家中，牧铃是涉及题材最广泛并且保持较高创作水准的作家。

牧铃只上过小学五年级，而且长期生活在平江山区，他是怎么做到这一切的呢？

长年坚持不懈的自学，原本只是满足内心强烈的求知欲，却为他日后的文学创作做了充分的准备。

没有书读的日子里，一小片报纸也能让他读上半天。

13 岁时在山上当牧童，独自放牧原来由两个成年牧工管理的二十多头奶牛，意外发现了前任牧工留下的畜牧学专业著作，他便忙里偷闲地阅读起来，读着读着有了一个目标——想让自己放牧的奶牛创造出最高的产奶纪录。

牧铃 15 岁时，居然被当作知识青年，下放到了平江山区的乡村。他偶尔读到译自苏联的《趣味物理学》《趣味化学》等科普书籍，以后当乡村中学教师时派上了用场，学生很喜欢他教的物理、化学课。因为喜爱国外文学书上的插图，他自己动手描摹，绘画能力得到发挥，这点自学得到的能力，让他能教美术课，后来还为自己创作的动物小说画插图。

1998年，我第一次去平江探望牧铃，他正在虹桥镇中学做老师，校门边用砖头和水泥修建的宣传橱窗上，有他用工整的宋体字写的黑板报，漂亮的报头和插图也是他手绘而成。

尽管做乡村教师只那么几年，但对于一个作家而言，却是他的教育观念得以运用于实践、生命体验得以拓展丰富的重要经历。牧铃对于农村孩子的厌学有着深重的忧虑，对农村孩子与城市学生一体化的教学状况大为反感。他针对那些厌学的孩子，尝试教给他们一点点感兴趣的东西，让他们感受到学习的乐趣并建立起学习的信心。事实证明，他这种尝试成就了一些学生的人生发展。

牧铃创作的乡村少年成长题材的小说充满鲜活的生活气息，人物真实的性格、心理不时地碰撞出灿烂的火花，使作品从朴素的生活中闪亮出喜剧的色彩。他关注乡村孩子的生活与成长，从中发掘成长的艰难与内心的坚韧，发掘无论什么艰难困苦都抹杀不尽的童趣和诗意，从而表现出成长的美好与生命的力量。他这方面的代表作《影子行动》获得第九届全国优秀儿童文学奖。这次推出的长篇小说《“公主”下乡记》也是一部反映乡村少年成长的作品，同样值得特别期待。

温暖到心头

“我看到一个孩子每天要带弟弟，还要扯猪草、担水，由此想到自己的童年，触发了灵感，写了第一个儿童小说《新伙伴》。”在前不久由中宣部和中国作协召开的全国儿童文学创作出版会议上，贺晓彤在发言时，这样讲述生活体验对文学创作的重要性。

贺晓彤的儿童小说，文字里绵绵不断地传递着让人温暖到心头的情感力量。她写作《新伙伴》的时候，才从北京钢铁学院毕业不久，在衡阳自行车厂设计车间工作。她从小在农村长大，经历了经济最困难的年代，家里有四个哥哥，自己也像男孩一样好奇好动，能够吃苦耐劳。童年的生命体验被奇妙地唤醒了，贺晓彤接连创作出一系列儿童小说。在不到两年时间里，她有五篇作品登上《儿童文学》杂志的头条，连续两年获得《儿童文学》年度优秀作品奖。

这位大学热处理专业出身的年轻女工程师，由于文学创作成绩受到关注，被调到《年轻人》杂志做编辑，不久被推荐到北京大学作家班学习。她的作品还引起了儿童文学泰斗冰心先生的注意。1982年冰心先生在家里接待青年作家代表，见到贺晓彤时，表扬她在《儿童文学》发表的小说，鼓励她继续为孩子们写出更多优秀作品。

贺晓彤迎来创作的丰收期。她的小说《永远的背篓》被改编成电视剧，获得中国电视剧第十七届飞天奖。她的小说集《美丽的丑小丫》和《爱的折磨》，分别获得第三届、第七届全国少数民族优秀文学作品奖，个人则以突出的文学业绩获得庄重文文学奖。

20世纪90年代初，改革浪潮汹涌，贺晓彤响应号召深入生活，开了一家礼仪公司，带着一群选秀获奖的美女，上北京，下广州，赴海口，凡新公司开张、新楼盘剪彩之处，她率领的美女们就会闪亮登场。贺晓彤性格豪爽，爱憎分明，队伍管理极为严格。美女们不得单独外出，业务应酬必须四人同行；特殊情况只需要两个美女出场，贺晓彤必定亲自陪同，甘当“电灯泡”。这样的文化公司当然赚不了钱，贺晓彤却赚到了生活素材，写出长篇小说《美女如云》。岁月流逝，那些美女各自事业有成，有的成了著名公众人物。她们一直视贺晓彤为人生中幸遇的好老师。

新世纪之初，贺晓彤参加“工人作家回工厂”采风活动，走访当年工作过六七年的冷水江钢铁厂。她过去的同事陈代富率领八千多员工再度创业，让这家国有企业从破产倒闭的边缘起死回生。贺晓彤被深深地震撼了，决定以他们在改革大潮中从困境走向新生的历程为素材，创作一部长篇小说。她扎进工人中间，到铁水奔流、钢花飞溅的地方挖掘曾经发生的感人故事，心中燃起激情之火。青光眼病发作了，她吃着药，坚持写作。50万字的长篇小说《钢铁是这样炼成的》温暖厚重，写出了贺晓彤的钢铁情怀。

贺晓彤担任省作协副主席兼省儿童文学创作委员会主任期间，为了促进湖南儿童文学作家队伍的成长，她满腔热情地跑书号、跑经费，不辞辛苦地奔走相关部门，“小虎娃”儿童文学丛书顺利出版，推出了12位年轻的儿童文学作家的作品。她极力促成省作协设立张天翼儿童文学奖，这一动议在省委宣传部的支持下得以实施。

因为单纯，所以轻盈

——周静《七岁汤》序

年轻的周静已经出版了长篇童话《牛角洲旅店》《申奶奶的杂货铺》和短篇童话集《带着音符回家》，获得过冰心儿童文学新作奖和张天翼儿童文学奖。摆在我面前的又一部新的书稿《七岁汤》，是她创作的第四部童话作品。她的儿童小说集《叮当响的花衣裳》，也即将由浙江少年儿童出版社出版。

周静阅读大量经典的儿童文学作品以及成人文学作品，自觉地在辽阔的文学世界游历与感悟，而她笔下呈现的文学世界却给人纯净、清新的感觉。她的童话和儿童小说，无论篇幅短长，都像一片片刚刚从泥土里冒出的嫩芽，像一只只刚从蛋壳里睁开眼睛的小鸟，像一只只在雨后醒来迈出试探脚步的甲虫。

我从她的作品里，读出单纯的品质追求。

我认为，单纯是儿童文学的一种重要的品质。

过去乃至现在，儿童文学被迫承担了过多的负荷。曾几何时，儿童文学作品要求肩负教育的功能，传递道德教化的声音。市场经济背景下，儿童文学作品充当电子游戏、电视动漫或商业产品的形象广告，也是屡见不鲜的现象。

周静的文学创作却是单纯的儿童文学作品。

单纯地贴近儿童思维，单纯地体现儿童审美的需求。

儿童思维是感性的，是形象的，是好奇的，是求新求异的。儿童单纯的精神感知过程，却是丰富的、新鲜的、美妙的。像儿童的眼睛和心灵一样，单纯、晶莹、美妙，这是儿童文学高妙的艺术境界。

当单纯成为创作的审美追求，对作者的想象力与艺术魔法就提出了特别的挑战。周静喜欢运用的创作材料，往往也只是感性的生活情景，是寻常的生活细节，是大自然的普通事物。她的想象力飞翔在日常生活之上，将儿童身边的人和事，将儿童日常的经历和感受，将儿童心灵的渴望和梦幻，编织到她精心组织的故事之中，赋予新鲜的意味和奇妙的美感。

对单纯的品质追求，获得了艺术表达的惊喜——

因为单纯，所以轻盈。

因为单纯，所以美好。

因为单纯，所以轻灵。

因为单纯，所以丰盈。

轻盈飞翔，飞向单纯。我以为，周静在创作中找到了一个美好的努力方向。这是切近儿童文学本质的一个探索方向。

我们有理由期待，周静将以她的创作带给我们更多的惊喜。

因心灵的第一推动

否定句。这个词组可以作为一本书的名字吗？

女孩苏梦涵写的一本书，就叫《否定句》（人民文学出版社2012年5月出版）。

这本书的封面印着“16岁—19岁　一个青涩女孩的抽象日记”的字样。

书中那些日记体的短文，拒绝对生活进行描摹与写实，却选择呈现自我感觉、情绪与思考。

○沿路的梧桐树，把影子送上了最后一班公车，车上挤满了树木的灵魂。

○想通了，决定和自己要好。

○我站在夜的深处，打捞残留的温度，在被冷风吹乱头发的街上，怀念虚构的温暖。

○青春的色彩本来浓烈过凡·高的向日葵，我相册里收藏的却永远是黑白照片。

〇突然觉得悲伤，曾经那么亲密的我们，那么熟悉的彼此，就这样被时间弄丢了。

〇在繁忙的街上行走，假装听不到喧闹。

〇在没有诚信的地图里，所有的路标都是陷阱。

〇想要找个人，找些事，弄出一些惊天动地的动静。当然，什么也没做。

〇沧桑可以历练，纯真却没有办法依葫芦画瓢。

这些从短文中跳出来的句子，让我感觉到作者思维活跃，心灵敏锐，精神独立。她拒绝停留在生活的表面，同样也拒绝营造生活诗意。她要借助锐利的思维与敏锐的感觉，在生活表象切割出一道口子，努力探求到生活和心灵的真实底蕴。她不回避生活中的矛盾、困惑和伤痛，她从表达中给予自己信心和力量。她用文字做深呼吸，舒吐出内心深处积郁的闷气。她用文字做望远镜，探寻生命成长的美好方向。她用文字编织成隐形的翅膀，让自己的心灵飞翔在生命的高处。

这些收录在书里的文字，曾经在《文学界》《芙蓉》等杂志上发表。其中《文学界》杂志做过这样的作者介绍——

有着安静的性格，却忘不了叛逆的本性；有着细腻柔软敏感的心，却表现出与世隔绝的冷漠行止；有着深刻的心灵抑郁，却为了照顾社会情面而用墨镜掩护自己的人。因心灵的第一推动，初中时期开始对作文之外的文字萌生兴趣，并不可救药地演绎成一种自我折磨。高中时辗转变换的生活境遇，让稚嫩的思绪陷入瞬间成熟的境况，试图用与众不同的词句组合解构、宣告自我。

这段文字对于理解作者的写作动机与风格选择，是极有帮助的。“因心灵的第一推动”而写作的人，无疑是注重心灵质量的人。这些“抽象日记”并不收藏那些琐屑感性的生活故事，却记录着更具心灵张力的青春体验。作者因成长中各种生活遭际而激发种种感悟、联想与思考，使得这部由日记体短文构成的书，显得如此丰富、隽永、厚重。

《否定句》中所呈现的成长体验，与当下社会生活的复杂性、丰富性和多元性相生相融，更可贵的是表现了年轻作者超越现实的精神追求与思维指向。在社会转型的大浪潮中，每个人都在浪尖波谷里沉浮。成长中的女孩因心灵的第一推动而对文字表达萌生兴趣，在对生活的思考、审视和表达过程中，获得了自我成长的一种美好力量。

《否定句》是一本极为别致的书。作者说：“否定是一种格式。”我们或许也可以说，否定正是成长的一种动力。因此，这些被称为“抽象日记”的文字，因其直逼心灵的真切表达，而颇具年轻一代“心灵史”的意义。

一本书是一块魔毯

从流传至今的神话传说和民间故事中，可以了解到在科技不够发达的时代，人类充满了神奇的飞翔想象。嫦娥奔月、孙悟空的筋斗云、长翅膀的天使、阿拉伯飞毯，都是人类想象的结晶。现在，人类发明的飞机实现了飞翔梦想，火箭和航天飞机开创了人类迈向太空的航天时代。对此，美国著名的科幻小说作家阿西莫夫充满信心地告诫他的读者，我们的生活周围充满了前人只有在幻想中才有的东西，我们已经生活在过去的科幻世界中，未来社会也正在我们的科幻小说中孕育。

书籍里的文字是一种普通而神奇的符号。人类自从有了文字，就让它担负着记载人类思想、知识和情感的任务。一本书就像一块魔毯，借助一本书，我们就可以在思想的天空中遨游，在知识的海洋里扬帆，在情感的彩虹上漫步。文字极大地激发了读者的想象力，借助如此缄默安静的文字，即使隔着迢遥的时空，我们也能与陌生神秘的作者进行精神交流，从而获取他们的智慧和启迪。

想象力是人类极其重要的资源。它是启动创造力的催化剂。瑞典杰出的儿童文学作家林格伦说："任何伟大奇妙的东西，都是先有想象，而后才变成现实的。你想过这一点吗？有的人用自己心灵的眼睛预先看到别人看不到的东西。第一个开始使用火的人是有想象力的人，同样，那些发明轮子、蒸汽机、预防接种牛痘以及发现如何分裂原子的人，都是有想象力的人。如果哥伦布没有想象力，他就不可能从西班牙向西南航行去寻找印度（他其实发现的是美洲大陆）……谁也无法估量，如果你培养自己的想象力让它茁壮成长，你会做出什么样的发现和发明来。可能会发现解决饥荒和战争的办法？即便不会有那样重大的发现，有想象力至少可以帮助你认识许多东西，而没有想象力，你就是活一辈子也认识不了这些。想象力就像一盏灯，它会在黑暗中猛然燃亮，照亮你的前方。"她进而指出："想象力的成长是需要帮助的。这帮助来自那些小小的字母、文字和那些可以写进书里去的激动人心、趣味无穷、美好绚丽的东西。什么也不能像书那样点燃探索的明灯，帮助我们用心灵的眼睛去认识事物。重要的是我们要学着描绘想象的图画，为此，我们应该尽可能早地读书。"

随着科学技术的飞速发展，人类的想象力显得越来越贫乏。物质的享受使人们变得越来越讲求实际，严重地束缚了人们的想

书里的精灵

一本书是一块魔毯

象力和创造力。有关机构曾做过一项调查，提问是“你的梦想是什么”，很多的答案竟然是很具体的。如拥有称心的工作、房子、汽车等。专家们慨叹：“现代人已经没有真正的梦想了！”

现代媒体发挥着扼制想象的作用。看过由名著改编的电影或电视剧的观众，多数人认为，无论改编得多么成功，都比不上自己在阅读过程中获得的体验那么美妙。《红楼梦》《西游记》等电影或电视剧的播放，都会引出一些观众的不满。这是因为，电影或电视画面限制了欣赏者在审美过程中的想象和创造。相反，在阅读名著的过程中，文字催化了阅读者的想象力和审美创造，100个《红楼梦》读者的心目中，有着100个各不相同的“贾宝玉”。想象导引我们走向富有个性的创造空间。

学会阅读，就是让书中的世界与自己的想象力相融相生，构建独自的神奇境地。一本书就是这样一块具有神奇魅力的魔毯，载着我们从现实出发，飞向美妙的精神领域。

碎瓷片闪烁着美丽的光芒

《碎瓷片》是一部涉及瓷器艺术创作题材的少年小说，获得美国纽伯瑞儿童文学奖金奖。我觉得它应该是由中国作家写出来的，因为中国是瓷器艺术的故乡。可是它却出自一位美籍韩裔女作家之手，作者名叫琳达·休·帕克，是出生在美国的第二代韩国移民。

这是让我感到惊喜的一部小说。它写出了世界东方的故事、东方的人和东方的美。主人公树耳是一名孤儿，从小与一个无业的跛脚老人住在桥下，相依为命，生活艰难。树耳长成了一个12岁的少年，艰苦谋生的同时，对当地著名的工匠明师傅的手艺发生了兴趣，找各种机会接近他，去他的家中帮上一点忙，开始了漫长而艰辛的学艺之路。那时候，瓷器工匠社会地位崇高，让人感到神秘，他们的手艺是世代相传的。皇宫的特使即将到来，要选拔御用的工匠，这是每个工匠梦寐以求的机会。明师傅坚持瓷器的品质，慢工出细活，可是当他的作品出窑时，错过了接受特使选拔的时间。少年树耳挺身而出，决心把明师傅的瓷器送到京城去。他一路上历尽艰难辛苦，还遇到劫匪，险些丧命，明师傅的瓷器也在与劫匪的搏斗中被打碎了。倔强的树耳带上一片碎瓷片，把它带到了京城，送到皇家特使的手中。皇家特使对那小块碎瓷片惊奇不已，评为最佳作品。树耳带着好消息回来后，明师傅终于打破父职子承的传统收他为徒。一个少年的成长在艺术追求与艰难生活中得以升华。

这部小说让我感到惊喜的又一个原因，是它并不具备时下中国市场流行的畅销书的元素，它不热闹，不搞笑，不诡异。它叙述故事和描写人物，显得从容、细致、温润、沉静，就像中国古老瓷器的艺术风格，或者说，就像一幅传统的中国画。静下心来，读进去了，你自然就能够感受到艺术的力量、美的力量和心灵的力量。

这部表现瓷器艺术创作的小说，也可以说是一部有关劳动题材的小说。时下中国的畅销少儿读物，大写特写情感故事、搞笑娱乐或诡异传奇，而与劳动、与土地有关的题材，被远远地抛开了。为什么会这样呢？在某些急功近利的出版人和作者看来，劳动题材和与土地有关的题材不能制造卖点，不能吸引读者眼球，自然被抛到一边去了。《碎瓷片》这部小说的成功，从题材上给了我们全新的启示，创造性劳动是人类生存的主题，也是小说创作的源泉。

《碎瓷片》的成功，当然不在于它是写东方题材和劳动题材，而在于它写出了生动、饱满和个性化的人。它固然写了瓷器艺术的创作和劳动，写出了瓷器制作的艰辛和瓷器的美，最后留在读者感觉中的是血肉丰满的人物形象，是美好而丰富的人性和超越命运的追求。树耳对瓷器艺术的迷恋与热情，他对命运的超越与坚韧；明师傅的执着与深沉，他情感和性格的外冷内热；明师母的慈爱和宽厚……作品里的人物性格鲜明，充满精神张力，能够感动读者，让读者印象深刻。

小说的作者琳达·休·帕克，在美国出生成长，对遥远的东方故土所知不多，她是如何创作这部小说的呢？这也是一个饶有趣味的问题。她小时候，父亲每两星期带她到图书馆看一次书，从不间断。帕克在成长的过程中几乎看遍各式各样的书，奠定了日后写作的扎实基础。九岁那年，帕克有一首诗刊登在儿童杂志上，获得了一美元的稿酬。她把那张支票当作圣诞礼物送给了父亲，父亲把汇票装上镜框，一直悬挂在家里。后来她凭着体育奖学金进入斯坦福大学英语系就读，毕业后在一家石油公司的公关部门担任文书工作。她酷爱阅读东方的历史和艺术资料，凭借艺术想象进行小说创作。

追求心灵的自由与纯净

在我的阅读感觉里，那个孩子不属于哪一个家庭、哪一个村庄、哪一个城市，他甚至也不属于哪一个民族或哪一个国家。他就像一个从云端来到人间的孩子，尽管过着四处流浪的生活，却是纤尘不染，那么好奇、热情、执着而神秘。他简直就是走进了人们生活中间的一个精灵。

男孩的名字叫蒙多，他是法国作家J·M·G·勒克莱齐奥所著的《蒙多的故事》里的小主人公。

作家赋予了男孩蒙多对世界的无比好奇和细腻的感觉。男孩好奇又好动，那充沛的内在的天真与能量，引导他兴致勃勃地漫游世界，激励他热情洋溢地接人待物。他细腻的感觉，通过作品纯净的文字得到充分展示，整本书中随着男孩蒙多的漫游，读者得以享受到对城市和自然的不一样的感受，领略海洋、高山、草原、沼泽、河流、森林、花鸟、走兽、游鱼之美。

男孩蒙多还穿行于形形色色的人物之间，其中有卖面包的，洒水员、邮递员、渔夫、茨冈人、哥萨克人、越南人、牧羊人……男孩对人的观察与感觉也极为敏锐，读者对每一个人留下深刻的印象，而这一切都是从一个男孩的经历中获得的，所以感觉总是特别亲切。

这个神秘的男孩形象让读者产生审美联想，比如想到人类的历史与命运，比如发生对一个人乃至整个人类过去与未来的哲学思考。这个男孩身上的好奇与热情，他的纯净与天真，无疑隐含着对现实世界的一种反讽。

读完故事，这个奇异的男孩，这个精灵一样的男孩，让人印象如此深刻。这个形象给予读者的审美体验是极不一样的，需要调动想象力去贴近、去体味；这个形象的塑造，相对于常见的人物描写方法，也有着很大的不同。他不是作家一笔一画描绘出来的，而是作家从意念中捕捉到的。作家赋予了这个人物心灵的自由，这个叫蒙多的男孩因此具有了精灵一样的奇异秉性和特质。

《蒙多的故事》作为一部少年漫游小说集，还收录了另外七篇小说，这些作品的风格和人物形象，都有着共同的艺术奇妙。作家的笔触超越现实生活，善于像音乐一样将思想、叙事和梦糅合在一起，抒写生命中轻盈与诗意的流动，呈现异常灵敏的童年感觉。

忽然想到曹文轩先生在《论发现》一文中说过的一句话：“文

学家要从存在中发现的就是一些形而上或具形而上性质的东西。”

曹文轩先生的这句话，似乎就是针对J·M·G·勒克莱齐奥的这类作品而说的。

客观存在物之中，包藏着形而上或具形而上性质的东西。就好像大米、高粱之类粮食可以酿酒，就好像阳光照彻水汽升腾的地方可能出现彩虹。

那些深藏的形而上或具形而上性质的东西，需要艺术的眼光去发现、去发掘。

J·M·G·勒克莱齐奥是善于进行艺术发现的人，是艺术上的酿酒师，是捕捉彩虹的人。他像所有有雄心的小说家一样，致力于建立一个自供自给的小说世界，创造卓尔不群的艺术形象，寄现实于幻想之中，叩问着当代文明中的裂变，探索着在物质掩盖下的人性。

《蒙多的故事》是法国中学生的必读书，其纯美的文笔，纯净的思想，纯正的品质，适合读者静下心来慢慢品味，去追寻心灵的自由与纯净。这样一种阅读体验，或许能将我们带入真正的文学阅读之中。

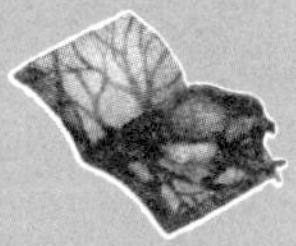

第二辑

寻找阅读的路线图

寻找阅读的路线图

有人把旅行比作在大地上阅读，而将阅读视为在文字里旅行。旅行与阅读，在开阔眼界，增长见识，丰富体验，欣赏美景等许多方面，无疑具有诸多的共性。

在大地上旅行，凭借一本旅游手册，自然会增加许多方便。常常有青少年朋友和家长抱怨，书店里陈列了那么多书籍，却总是缺少像旅行手册一样的阅读指导书。面对众多的书籍，不知道在什么年龄段该读什么书好。读书成了盲目的探索，就像不带旅行手册的旅客，恰恰把最精彩的风景遗漏掉了。

最近碰到一位家长向我谈及他的苦恼，自己推荐给上初中的孩子看的书，孩子根本不愿意读；孩子热衷阅读的书刊，他又常常看不入眼。阅读成了父子间产生隔阂的一个矛盾点。

我曾经在青少年阅读方面发表过一些意见，就给这位家长提了一些建议。

我认为，寻找阅读的路线之一就是“顺藤摸瓜”，根据课本上涉及到的作者或作品拓宽阅读面。比如语文课本上的《从百园到三味书屋》一文，是从鲁迅先生的散文集《朝花夕拾》里选的，那就可以找到《朝花夕拾》这本书来阅读。根据课文为线索，是可以找到许多优秀的书籍的。

不仅是语文课可以这样，其他学科也是一样的。比如物理上讲到电学，就可以找电学史上的著名科学家的传记来读，如《法拉第传》《爱迪生传》之类，了解他们是怎么研究和解决电学上的问题，是怎样获得那些电学知识的。生物学上讲到基因学说，就应该找到《摩尔根传》来看看。

以课本为线索，延伸和拓宽阅读面，能够丰富青少年读者的阅读视野。青少年的阅读，应避免单一阅读文学书籍，要重视阅读科普书籍和科学家传记。从文字里看到科学研究的真相，有助于了解知识产生的背景和过程，使理性的知识变得感性和丰富多彩。“顺藤摸瓜”寻找阅读线索的办法简单易行，而且与课本学习密切相关，算得上是一个好办法。

寻找阅读路线的另一个办法，就是阅读名著。什么是名著呢？有人曾为名著总结出一些基本的标准，具体是这样的六条：一、阅读者最多，不是风行一时的畅销书，而是经久不衰的常销书。二、通俗易懂，面向大众，而不仅仅是面向专家教授。三、永远不会落后于时代，绝不会因政治风云的改变而失去其价值。四、隽永耐读，一页的内容多于许多书籍的整个思想内容。五、最有影响力，最有启发效益，含有独特见解，言前人所未言，道古人所未道。六、探讨的是人生长期未解决的问题，在某个领域有突破性意义的进展。以这六个方面的标准去衡量一些公认的名著，大抵是不错的。

强调多读一些名著，成为读书人的经验之谈，主要是因为名著的价值经过了时间的考验，它们所包含的思想和艺术方面的“含金量”，得到了人们的普遍认同。

有些名著是融入到人们的生活之中的。有时人们会说：“我可不愿意当阿Q！”或者说：“那是一条变色龙！”这两句话里的“阿Q”和“变色龙”，是有他们的出处和来历的，具有典型性和概括性，寓含特定的性格内涵，不用说话人多做解释，听话人就能明白其中丰富的潜在意义。如果听话人对《阿Q正传》与《变色龙》这两篇小说名作一无所知，就不能理解说话人这么说的意思。这是很糟糕的，显然是缺少了一点“文化”。从这个例子看出，名著是构成文化环境的一个重要因素，名著中的精华往往深入到人们的思维和观念之中。多读一些名著，能够提高文化品位。

文学名著所探讨的问题，往往是人生中不可回避的。阅读名著能激发我们对这些“永恒的主题”进行思考，使我们有足够的心理准备去面对这些问题。或许，名著也不能给出一个什么答案——文学本身是审美的，不是呈现答案的——但它的探讨对每个人都是有益处的。《巴黎圣母院》探讨人性的善恶。丑恶是生活中的一种客观存在，阅读作品我们能够获得的也仅仅是一种面对丑恶的态度，一种思考和信念，并不能够得出消除丑恶的灵丹妙药，但这种态度、思考和信念，对每一个人都很重要，能给我们的心灵以慰藉和鼓舞。《约翰·克利斯多夫》探讨和展示奋斗者的艰辛，世世代代依然存在这种人生的艰辛和困苦，我们却能从中得到有益的启示，当自己面对这种艰辛时，就会多一份精神力量。

文学名著的语言具有经典性，是可以反复阅读的，是深蕴智慧的。有些读书人往往陶醉于名著的语言，当他去读一本普通的书籍时，常常因为语言上的疙疙瘩瘩而进入不了阅读状态。一个读者如果对名著的语言与三流作家的语言缺乏辨别，显然在阅读上还十分幼稚。有人把名著的语言比喻为名厨做出的菜，即使是普通蔬菜，也有高品位的美味。要提高阅读水平和趣味，就是要自己当阅读上的“美食家”。

当然，有些名著存在艰深难懂的问题，对阅读者提出一定的挑战。其实阅读中应该读一些需要思考的书籍，喝白开水是没有营养的。总是读流行的时尚文字，就像喝电视广告上推荐的饮料，也是没有营养的。还有一些名著，由于时代比较久远，在表达节奏上比较缓慢，在描写情感和社会生活方面过于单纯浪漫，这些对当代人而言有些格格不入，但对培养我们阅读的耐心，丰富我们的认知和感受能力，却是有益的。

青少年的阅读路线，还可从专家推荐的书目和《青少年读书指南》之类的书籍中获得，也可以与同学、老师交流，找到那些有教益的书籍。

我认为青少年在阅读方面，很重要的一点是要建立自己的知识框架，避免过于芜杂和凌乱。这里推荐两本书，一本是清华大学文学院院长徐葆耕教授著的《西方文学之旅》，有助于构建西方文学的知识框架；另一本是吴国盛先生著的《科学的历程》，有助于形成自然科学的框架。这两本书具有“史”的视野，写得不枯燥，提供了开阔的视野，又有思考品质，可以作为相关学科的历史来读，也具有阅读地图的指导价值。当然还可以订阅一两份自己喜欢的报纸杂志，形成阅读的连续性。

在这个电子传媒快速发展的年代，安静地阅读书籍依然是不可或缺的。青少年的阅读路线，需要每个人自己去行走。学会利用图书馆，养成逛书店的习惯，那些不期而遇地出现在我们视野里的书籍，往往带来惊喜。这样的行走、寻找和阅读，才真正构成属于每个人自己的阅读路线。

拂之不去的对真实的追问

一位少年朋友打电话找“大耳朵哥哥”，倾诉他心头的迷茫。

“大耳朵哥哥”是我们《小学生导刊》“大耳朵热线”栏目虚拟的主持人，我常常守在电话旁边，充当“大耳朵哥哥”的角色，倾听小读者的诉说。

这位少年说，他前不久看了一条新闻，报道某地一名领导干部，周末在某个风景优美的休闲地，坐着高尔夫球车摔下陡峭的土坎，意外地死掉了。一家报纸报道说，他正在陪外商洽谈招商引资，是因公务去世的。而另一家报纸报道说，他是在那里休闲度假，不慎丢掉了宝贵的生命。少年说，这个刚发生的事件，两个记者写的报道却这么不一样，而真实的情况只会有一种，到底哪一个记者的报道才是真实可信的呢？

少年的迷茫远不止于此，他由这个事件的真实性问题，引出了对所学历史教材的真实性的怀疑。他说，刚发生的事情，不同的人来写，写出来的就这么不一样。那些过去了几百年几千年的历史事件，历史书里所讲的一切，到底有多少真实的东西？

面对这位少年抛出的大问号，我一时竟无从作答。

我想了想，对他说，你提出了一个很重大的问题，就是对真实的追问。那个事件的发生，两篇报道的描述，如时间、地点、人物，是基本正确的。报道中对那个人死因的说法，肯定是有一个记者没有深入了解事实真相，做了失实的主观猜测。这说明，记者报道一个新闻，即使是一个小的新闻事件，要做到真实地报道，也是需要扎扎实实做采访工作的。你在读书看报的过程中，认真细致，喜欢思考，这种品质非常可贵。至于学习历史，你在掌握资料的基础上，也可以独立思考，去探求历史的真实，你不一定就那么被动地接受书上现成的结论，换句话说，要通过自己的思考来验证书本上的说法。

放下电话，我对自己的答复感到很不满意。我的解释对那位少年是否有点帮助呢？我的解释触及到他提出的问题的本质和核心了吗？我的心中，从此搁着那位少年读者提出的问题。

那位少年读者的提问，让我回想起自己在成长的过程中，也曾有过类似的困惑。那是在大学的历史课上，老师讲到对中国古代史的分段，翦伯赞先生有一种分法，郭沫若先生有他的分法，别的什么人又是一种分法。老师比较了几种分段法的依据，我却在私下里糊涂起来：历史怎么可以这么随便地划分？那时候刚跨入大学校门，我的知识储备也许还比不上现在的一个初中毕业生，非常无知。

回到寝室，我把自己的疑惑讲出来。一位室友开玩笑说，你也可以提出一种分法嘛，只要能说出那么分的理由。他确实是开玩笑说的，我当时却感到有些震撼，也很受启发。

然而我并没有对中国古代史提出一种新的分段法，事情就这么懵里懵懂地过去了。这件事情至今不能忘记，说明它在我的心中留下了深刻的印记。

前不久参加一次聚会，到场的朋友都是些思想活跃的文化人，聊天的时候我把那位少年提出的问题讲给大家听，希望得到他们的一些看法。没想到大家对这个话题格外感兴趣，热烈地聊了起来。

一个朋友说，对历史真实的质疑，对书面表达的质疑，甚至对生命存在的质疑，是许多人在成长过程中都绕不开的心路历程。这其实是一种非常重要的心理体验，是一个人迈向真理的心理动力。我们的教育往往只给学生现成的答案，而忽略了这种内在的心灵动力。这种内在动力没有得到激发和运用，我们培养出来的人往往是知识的容器，而不是创造新知识的人。

另一个朋友说，新闻的本质应该是“报道真实的一切”，无论是事件发生的时间、地点、人物，还是事件的起因、过程、结果，每个细节都应当真实。这是自美国新闻学的创始人普利策以来就形成的新闻法则。但新闻是人写的，再客观的报道也带有记者的主观意识，有时就可能偏离真实性。那个少年已经有了一种“伟大读者”的意识，他在用自己的脑子读新闻。现在的孩子真是了不起，那种写得很肤浅的新闻或书籍，他们一眼就看出来了。

又一位朋友说，新闻是人写的，历史也是人写的，一个作者只是一个角度，只有伟大的作者才会比别人站得高，看得深刻，才会写出更能让人们认同的伟大作品。青少年看书报刊，应当让他们看那些真正伟大的作品，或者要多看几种作品，学会从不同的人的角度来认识同一个问题，从而学会思考和分析，做出自己的判断。

还有一个朋友说，或许可以将新闻的真实性、历史的真实性、小说的真实性进行一番比较思考。照一般的思维来说，新闻和历史都是标榜真实的，而小说是虚构的。但对于了解历史真实来说，标榜真实的作品不一定就能让我们获得真实的认识，恰恰是虚构的小说——当然是伟大作家的小说——能让我们真实地接近事实。恩格斯说过，巴尔扎克的小说对当时法国社会生活的反映，比那时的统计学家的著作还要真实。

历史是一种方法论，一个朋友这样说。他认为，不同的人来解读，同样一段历史会呈现出不一样的面貌，反映的是他的思维方法和思想方式。我们也许永远也接近不了所谓的历史真实，却可以通过对历史细节的了解，通过对历史资料的掌握，通过对不同历史学家观点的比较,接近我们自己心灵认同的那个“历史真实”。这个接近的过程，就是对真理的追求过程。在这个过程中，善于独立思考，突破自己的思维局限，放开自己的眼光和心灵，学会科学地判断和发现，是我们能够走上探索真理旅程的前提。

我把这些讨论的话语记录下来，希望那位给“大耳朵哥哥”打电话的少年读者能够有机会读到。我相信他足可以参与这样的讨论对话，并且会有所感悟。

心中有着拂之不去的对真实的追问，并且执着地探求解答，旧的追问解答出来，新的质疑又随之产生，这正是许多优秀的科学家、思想家所具有的心灵特征。一个人在成长中脑子里冒出一串串问号来，标志着心灵的步伐开始踏上通向追求真理的路途，这是一条探索之路，一条艰辛而幸福之路。求真的心灵动力，实质上就是一个人成长的力量，也是人类不断进步的巨大动力。

谁能改变命运的走向

作曲家贝多芬谱写的《命运交响曲》，用沉重的鼓点象征命运之神在敲门。这位天才的艺术家，人到中年患了耳疾，却以坚强的毅力继续从事音乐创作，表现出了对命运的巨大反抗精神。

与命运对抗过招，并不是那些杰出人物的专利。许许多多的普通人也在与命运进行抗争。能掌握自己命运的人是幸福的，是值得敬仰的。

1984 年，在东京举行的国际马拉松邀请赛上，名不见经传的矮个子选手山田本一表现神勇，越到后半赛程，越往前赶。最后，他出人意料地夺得了冠军。日本的田径爱好者们兴奋极了，他们为本国选手勇夺国际大赛冠军而激动。

好奇的记者们立即围上去，问他一鸣惊人夺得冠军的秘诀是什么。

山田本一只说了一句话：“凭智慧战胜对手。”记者们不明白他说的话是什么意思。因为马拉松赛不像短跑，靠的是爆发力和速度，竞赛技巧很重要。马拉松赛是一项体力和耐力的运动，需要身体素质好，特别是选手的耐力要好。说用智慧战胜对手，实在有点勉强。有的记者在报道中，甚至挖苦他是偶尔取胜，他所说的话是故弄玄虚。

两年后，在意大利举行的国际马拉松邀请赛上，山田本一仍然表现突出，战胜所有对手，再次夺得世界冠军，又一次成为记者们关心的焦点人物。

山田本一不善言谈，回答记者提问时，回答的仍是上次那句话："凭智慧战胜对手。"记者们虽然不会再怀疑他故弄玄虚，但也理解不了其中的具体含义。

后来，山田本一出版了一本自传，人们从这本书里理解了"凭智慧战胜对手"的意思。

他在自传里说，每次比赛之前，他都要提前乘车到赛场，把比赛的路线仔细看一遍，并把沿途比较醒目的标志画下来。比如，第一个标志是银行，第二个标志是一棵大树，第三个标志是一座红房子……这样一直画到终点。这样有什么用呢？每一个标志都成了他的小目标，40多公里的赛程被他分解成了许多个小段。到了一个小标志，接着向下一个标志发起冲刺，跑起来感到轻松多了。他写道："起初，我并不懂得这样的道理，把自己的目标定在40多公里之外的那面旗帜上，结果跑到十几公里的地方我就疲惫不堪了，我被前面那段遥远的路程给吓倒了。”

个子不高的山田本一，很努力，有智慧。

在现实生活中，有些人做事往往半途而废，不能善始善终。分析其中的原因，也许并不是事情的难度太大，而是人们觉得成功距离自己太远。也就是说，半途而废的人，不是因为失败而放弃，而是由于中途缺乏信心而难以坚持。山田本一的智慧在于，他把大目标分解成许多个小目标，每当到达一个小目标，自己都得到一份鼓舞，最终实现了大目标。

美国女孩罗莎琳出身于普通犹太人家庭，大学毕业后得先找一份工作养活自己。她在大学里做过秘书，当过助教。

有一次在集会上，系主任傲慢地对罗莎琳说：“你能担任助教，只不过是因为许多优秀的青年都应征入伍去了，你才有机会成为我们中的一员，仅此而已。”这个系主任是一个极端歧视女性的人。他的歧视和侮辱，激发了罗莎琳的倔劲。

当时正是二战时期，罗莎琳一边工作一边进修，第二年获得了硕士学位，3 年后以优异的成绩和出色的论文获得博士学位，成为伊利诺大学物理系的第一位女博士。

她在放射性同位素效应的研究这个新的领域里，取得突破性成就，发明了放射免疫分析法。使用这种方法，能为许多疾病的诊断和治疗提供重要依据。这一发明，被医学界称为二战后“在临床医学中最重要的基础研究成果”。1977 年，罗莎琳因这项发明而荣获诺贝尔生理学及医学奖。

“坚持自己的选择，走自己的路。”很多人这样想过，但真正能够做到的人却不多。罗莎琳面对别人的侮辱，更加明确了自己的奋斗目标。她凭着顽强的意志，开辟崭新的科研领域，做出了杰出成就。她的成功故事告诉我们：走自己的路，需要持之以恒的强大精神动力！

许多人喜欢聆听贝多芬的《命运交响曲》，那沉重的鼓点象征命运之神在敲门，那命运之神敲门的声音唤起了人们对人生的思考和抗争。

一个人的命运走向，如果能够由自己来掌握，那是多么幸运和自豪的事情。但确实有人做到了，他们用毅力、智慧、汗水走出了一条由自己选择和把握的人生之路。

梦想的种子怎样开花结果

我曾经怀着强烈的好奇心，走近一位用终生的精力和智慧，不断改良种子、提高粮食产量的科学家，探究在他的心中到底有一颗什么样的种子，使他在偏远的社会底层，孕育出震撼世界的伟大奇迹。

这个创造奇迹的人，就是中国工程院院士、首届国家最高科技奖获得者、“杂交水稻之父”袁隆平院士。我在参与写作《禾下乘凉梦——袁隆平传》的过程中，有幸走近了袁隆平先生的人生风景和精神境地，看到了一颗神奇的种子创造出的人生奇迹。

有一次，袁先生在他的家里接受我的采访。我问，他从小在北平、武汉、重庆、南京等大城市长大，为什么在报考大学时会想到报考农学院呢？袁先生告诉我，他报考大学的选择与小时候一次经历有关。他在汉口上小学校一年级时，老师带他们班的同学去参观过一个私人园艺场，那些经过人工培育的果树，结出的果子又大又好吃。他当时觉得，要是能做园艺场的技术人员，一定很好玩。

当时，我的心怦然一动。参观童话般的果园，这样一次童年的经历和体验，像美妙的梦境留存在袁先生的记忆深处，在他的心中播下了一颗神奇的金种子。

从西南农学院毕业后，袁先生被分配到偏远的湘西雪峰山深处，在安江农校做了一名普普通通的老师。20 世纪 60 年代初期，来势凶猛的大饥荒席卷全国，他因此萌生了一个梦想，决心运用自己的专业知识，培育优良种子，提高水稻产量。

研究杂交水稻，当时是一项世界性的科研难题。梦想的激励，使袁先生认准了人生的方向，下决心要解这道世界难题。经过十多年的艰苦努力，辗转长沙、广西、海南岛，袁先生一步一步把他的梦想变成了现实。

有一次，袁先生在他的办公室会客厅会见几位客人，当时我也在场。

那时，中央电视台和潇湘电影制片厂联合拍摄的八集电视连续剧《袁隆平》即将进入后期制作，该剧的编剧、导演和制片人请他谈谈观看电视片毛片后的修改意见。

“有些地方把我拍得太严肃了一点。”袁先生刚落座，就开门见山地说。他身形瘦劲，腰板挺直，神态爽朗，一点也看不出已年过七十。他是自己骑着摩托车来的。

“搞科研不是老那么严肃的，”袁先生接着说，“我们平常的生活里充满了笑声。比方说，70 年代我们在海南岛搞试验，那时生活比较苦，我们从湖南带去了一些腊肉，由我的助手‘乐呵呵’管伙食。海南岛的气温高，腊肉挂在那里不停地滴油。‘乐呵呵’生怕别人说他多吃了，每天拿秤称一称，一边称一边说：‘袁老师，又少了 2 两。’”

在座的人听了，都笑了起来。

袁先生接着谈起许多往事，还把他的老朋友“乐呵呵”从隔壁叫了过来，两个人边讲往事边抬杠，笑声朗朗。

在快乐的笑声里，导演高兴地接受了袁隆平的意见，接着谈起要在片头拍一些袁隆平生活镜头的设想。袁隆平说：“就拍我做的一个梦吧。”接着就说起他的“禾下乘凉梦”。他梦见稻子长得像高粱那么高，谷粒像花生米那么大颗，他和朋友们在稻子下面乘凉、散步……

导演和编剧听了，高兴得连声叫好。我进一步追问这个梦的由来。袁先生告诉我，那是 1989 年某个夜里做的梦。

那时候，“杂交水稻”已经推广到大江南北，被 20 多个国家引进种植，已经取得巨大成绩。但袁先生依然扎根田间做试验，希望创造新的辉煌。

梦想的种子不断地萌发出新的创造力。不久后，袁先生提出了超级杂交稻的研究目标，把杂交稻的研究引向新的更高的领域。

袁隆平先生衣着朴素，因为常年在田间作业，皮肤黝黑，留在一般人的印象里，是地道的农民科学家形象。

实际上，杂交水稻研究从刚一起步，就是对最先进的生物科学理论的实践和应用。特别是进入20世纪90年代以后，袁先生与中国科学院生命遗传所合作，全面开展超级杂交稻的基因研究，在分子层面探索超级稻的秘密；与香港中文大学享有“克隆植物基因之父”的辛世文先生合作，通过传统育种技术与最新生物科技的结合，发展新一代的高产优质杂交水稻；还参与了航天育种，利用空间诱变处理水稻种子；等等。这些激动人心的科研领域，确实能让人们看到当代农业高科技的迷人天地，感受到袁先生老当益壮、不断求索的精神境界。

因此，在写作过程中，我和我的合作者谢长江老师取得了共识，力求写出袁先生可亲可近、生动可感的生活化形象，还要树立一个走在当代农业高科技前沿的科学家的形象。

袁先生是一个富于梦想、勇于实干的人，他数十年如一日，把绿色的梦想写在广袤的大地上。

在创作《禾下乘凉梦——袁隆平传》的过程中，一些像蒲公英种子一样的意象在我的脑际纷飞不已。我看到一些种子找到了扎根的土壤，另一些种子在风中飘荡，找不到归宿。

心灵的种子有赖于汗水和智慧的浇灌，才会绽吐出美丽的花朵，结出芬芳的果实。《禾下乘凉梦——袁隆平传》一书记录下袁先生一生的梦想和奋斗历程，这本书由湖南少年儿童出版社出版，希望能够启发广大青少年敢于梦想，勇于为实现梦想而奋斗。

每一个早晨都是一个愉快的邀请

在不知不觉中，我们已经度过多少个生命中的早晨。在匆匆忙忙的上学路上，在慵懒曚昽的睡梦中，许多人从未想到去细腻地感知每一天的开始，就像与大自然的隔离一样，人们专注于自己的事务，而忽略了许多美好的感受。

然而另外一些人却是不一样的。他们的生活方式和感知方式，是积极、敏锐而开放的。美国自然主义作家梭罗在他的《瓦尔登湖》中，有着这样一段对于早晨的描述——

每一个早晨都是一个愉快的邀请，使得我的生活跟大自然同样地简单，也许我可以说，同样地纯洁无瑕。我向曙光顶礼，忠诚如同希腊人。我起身很早，在湖中洗澡；这是个宗教意味的运动，我所做的最好的一件事。据说在成汤王的浴盆上就刻着这样的字：“苟日新，日日新，又日新。”我懂得这个道理。黎明带回来了英雄时代。在最早的黎明中，我坐着，门窗大开，一只看不到也想象不到的蚊虫在我的房中飞，它那微弱的吟声都能感动我，就像我听到了宣扬美名的金属喇叭声一样。……黎明啊，一天之中最值得纪念的时节，是觉醒的时辰。

阅读这段文字，我们体会到作者在用敏锐的心灵，感受一个早晨的到来，就像一个单纯透明的孩子，在虔诚地接受长辈给予的一份美好的礼物。

梭罗 20 岁毕业于哈佛大学。他认识了一些杰出的“超验主义者”，如爱默生和玛格丽特·富勒等人，加深了对人与大自然的思考，开始写作观察日记，记录思想随笔，向往在大自然过一种观察、阅读和思考的生活。爱默生在瓦尔登湖畔买了一块地，允许他去居住。1845 年，28 岁的梭罗带着一把斧子，在瓦尔登湖边建造了一座小木屋。他自封为“风雪和风雨的观察员”，记录观察和思想笔记。他写道——

有时我看着一对鹞鹰在高空中盘旋，一上一下，一近一远，好像它们是我自己的思想的化身。

当我的锄头叮当地打在石头上，音乐之声传到了树林和天空中，我的劳役有了这样的伴奏，立刻生产了无法计量的收获。我所种的不是豆子，也不是我在种豆。

他的笔记经过七次修改，1854 年出版，就是著名的《瓦尔登湖》。1862 年 5 月，梭罗死于肺结核，年仅 45 岁。梭罗是美国 19 世纪最广为人知的作家之一，他的代表作《瓦尔登湖》被人们作为优美的散文和自然哲学著作来阅读。

梭罗并不是因为现实生活的失败而寻找逃避，实际上他表现出超强的实际工作能力。他大学毕业时曾在康科德中心学校教书，所得的年薪可以宽绰地过上中产阶级的生活。他勘测了康科德的许多土地，还在家里的铅笔制造业务中进行了两次技术革新，充分利用自己在图书馆查阅资料的便利，广泛查找硬铅笔芯（石墨）的制作方法，发明了一种更好地研磨石墨的办法。他帮助家里修建了两所房子，两度为爱默生作了很长时间的管家。他对社会现状一直倍加关注，但他向往回归大自然，过简单质朴的生活。他旅游、演讲、观察自然景观，极力主张简化生活中的人为因素，主张人们根据自然的原则去做事，要常常反省自己。“简单、独立、大度、信任”是梭罗用来形容哲学家的词，他用自己的生活来实践自己的主张。

把观察的视野放开一些，我们看到许多充满创造力的伟大人物，常常就是那些热爱大自然、感觉格外敏锐的人。

日本作家川端康成从小体弱多病，性格孤僻。为了磨炼自己的意志和开阔胸怀，他常常一大早就爬到屋后的山顶上去看日出。

书里的精灵

寻找阅读的路线图

往往天还没亮，他已经爬上了山顶，独自一人蹲在空寂的山顶上一棵小松树下，那松树的叶子和树干，随着太阳升起由暗转亮时的情景，太阳从雾海中跃出天际的一刹那，许多年之后，川端康成仍觉得历历在目。

音乐家贝多芬喜欢在林中散步，他在那些书信和音乐作品里表达着对大自然的热爱。日本科学家福井谦一曾获得 1981 年度的诺贝尔物理学奖，他喜欢在雨后的山路散步，体会亲近大自然的喜悦。他说："我所走过的学问之路是一条尊重自然之路。自然对我来讲是一个不可缺少的老师，同时也是令人无比敬畏的客观存在。"

在梭罗、川端康成、贝多芬、福井谦一这些闪光的名字后面，我们还可以列出许多与大自然息息相关的不朽名字。他们与大自然亲近交流的结果，就是使自己成为优秀的思想者和创造者。

我们常常感叹自己在得到高分的同时被人指为低能，在得到知识的同时并没有增长智慧，在拥有人生经历的时候并没有丰富生活的情感。尝试阅读《瓦尔登湖》这样的著作，哪怕只是读其中的一个篇章，细加品味，我们可能获得心灵面对大自然的方向，在那些安静的文字的启悟下，像打开紧闭的门扉一样，打开自己的心灵和感觉器官。

实际上，关于大自然的文字，有着许多更为轻松有趣的书，如法布尔的《昆虫记》、维·比安基的《森林报》，足以让人了解到那些“大自然的观察者”观察和思考的方法，探究和发现大自然秘密的方法。这些方法是与心灵的丰富有关的，是与智慧的生长有关的。

维·比安基《森林报》中有这样一段关于早晨的文字——

黎明时，牧童们开始把牛群、羊群赶到草场去。一阵阵马嘶声和牛羊的叫声，叫得很响。肥硕硕、毛茸茸的丸毛蜂早就醒来了，嗡嗡地叫着；亮晶晶、细腰身的黄蜂飞舞着。金黄色翅膀的蜜蜂从蜂房里爬出来，在阳光下呆一会儿，晒得暖和和的，伸开翅膀，然后飞去采甜津津的花蜜……

这样一个有声有色、生机勃勃的早晨，多么令人向往。这样充满大自然气息和生活气息的文字，多么让人浮想联翩。梭罗说得好：“每一个早晨都是一个愉快的邀请。”这是一个心灵的邀请，一个美好的邀请，让我们欣然赴约，去拥有那些有声有色、生机勃勃的早晨，去拥有那一条从早晨出发的美好道路，走进多姿多彩的大自然和更为壮阔美好的人生。

行动改变人生

“芝麻开门”的民间故事，是人们耳熟能详的。我在重温这个故事的时候，忽然想到这是一个关于人生成功的原型故事。

关于“原型”的理论，最早源自弗罗伊德的精神分析学说。

弗罗伊德是奥地利著名精神病学家，“精神分析”学派的创始人。他在分析莎士比亚著名的戏剧《哈姆莱特》时，找出的故事原型是古希腊悲剧《伊迪帕斯王》。那个故事说的是，底比斯国王与皇后柔卡斯塔的儿子叫伊迪帕斯，天神谕示说，这个孩子长大后会弑父娶母。国王命人将刚出生的孩子抛弃在山野，一个牧羊人捡到后把孩子献给了无子的邻国国王。这个国王视伊迪帕斯如同亲生儿子，将他抚养成人，准备将王位传给他。伊迪帕斯在受命前获得神的喻示，说自己命中注定将弑父娶母。他因此深感恐惧不安而逃离在外，企图避开不幸的命运。但在逃亡途中，他路遇亲生父亲，双方发生冲突，在互不相识的情况下，将自己的父亲杀死。后来他又除掉底比斯境内的恶魔，受到底比斯人民的拥戴而成为新国王。按照当时的风习，新的国王应娶前国王的妻子，他在不知情的情况下娶了自己的生母为妻，并生下二女。后来底比斯连续遭受天灾，经过祈祷后天神喻示，伊迪帕斯发现自己即是杀害前国王（生父）的凶手，而妻子柔卡斯塔则是自己的生母，于是戮瞎双眼自残并出走流浪。

通过比较研究，弗罗伊德认为《哈姆莱特》中的王子痛苦彷徨源自于精神深处的“弑父情结”，他称之为“伊迪帕斯情结”。

弗罗伊德这种研究方向，得到他的学生荣格的继承和发展，进而得到加拿大著名文学批评家诺思洛普·弗莱的发挥与丰富，形成了“原型批评理论”。他们认为，故事文学有着人类集体创作和普遍流传的特点，其中既蕴含着人类的“集体无意识”，即本能和梦想，也积淀着人类的“集体意识”，即思想和智慧。故事是人类社会的信息储藏库，记录着不同时代不同地区人类的生活和追求；又是人类思维的符号系统，包含着各种信息代码、象征模式及操作程序。这一派别的学者认为，“太阳底下没有新鲜事”，现在发生的故事早在神话中就发生过，所有当代发生的故事都能在神话传说里找到“母题”和“原型”。这种理论对于丰富文学研究的方法，对于开拓文学审美的视野，对于更新文学批评的视角，产生了积极的影响。

再说“芝麻开门”的故事，阿里巴巴是个普通的穷苦小伙子，他无意中得到了四十大盗开启山洞门的咒语，勇敢地进行了尝试，获得了巨大财富。我之所以想到它是一个关于人生成功的原型故事，是因为这个故事包含了人生成功的关键要素。一是阿里巴巴掌握了打开山洞门的神奇咒语，二是他敢于尝试，敏于行动。这二者使他获得了惊喜的收获。

为什么会由阿里巴巴的故事想到人生成功的要素呢？因为当时我正在读一本又一本名人传记，想找出一些成长与成功的规律。后来，我开了一个专栏，命名为“芝麻开门”，每期介绍一个成功人士，分为“本期主角”“神奇咒语”“行动故事”“惊奇收获”几个部分，来解读名人成功的秘密。

“芝麻开门”栏目的“神奇咒语”往往选取主人公的一句名言，代表了他的一种观念或一种精神。栏目的主体内容是“行动故事”，每篇文章一般有三至四个有趣的故事。编辑这个栏目，我发现一个人的行动对于他的人生是至关重要的。以前有一种说法，“知识就是力量”，或者说“知识改变人生”，我从众多名人传记故事中得到的启发却是“行动改变人生”。因为有些人并没有多少知识，他抓住了一个好的理念，用自己的行动去争取成功。“芝麻开门”栏目的内容方面，尽可能放开视野，介绍世界和中国一流的科学家和人文思想家，甚至杰出的商人、探险家、摄影家，等等。在介绍这些成就卓越的伟人时，尽可能介绍他们的行动方式和行动故事，给读者以具体可感的启发。

社会学家费孝通在燕京大学、清华大学攻读社会学时，受到吴文藻教授、派克教授和史国禄教授的影响，形成了“到实地去调查研究”的工作方法。通过实地考察，写出了《花篮瑶的社会组织》《江村经济》等著作。他说：“‘到实地去’是我们认为最正确的求学之道。这一点也许和我国传统的见解不十分相合。以前的学者认为学问在书本里，这种见解是不很正确的。”

出生在澳大利亚的约翰·沃卡普·康福思，上中学时对化学产生了兴趣，买了一些普通的化学试剂，在家里建立了一个小小的实验室。他一边看书，一边照书上的方法做实验，用廉价的化学原料配制出一些买不起的制剂，得到动手能力的培养，体会到动手实验是一种良好的学习方法。他说：“实验不仅是回答问题或合成化合物的一系列操作程序，而且是我们观察所发生的事情和从错误中学习的良好机会。”他后来成为诺贝尔化学奖得主。

日本科学家白川英树，从小在家里做一些家务活，如做饭和烧洗澡水。他回忆说：“我把浸透盐水的报纸放入火中，马上出现了黄色火焰，这就体验到了从教科书上得知的焰色反应。我父亲开了一家诊所，我可以得到注射完后的针剂安瓿。我把火柴梗插入安瓿后放入火中，开始时水蒸气变成白烟冒出，不久便是橙色的火焰猛烈喷出。我贪婪地观察着，津津有味。打碎冷却的安瓿，里面变成了黑炭。这些都是我的恶作剧，也是我的化学启蒙阶段。”这一启蒙使他成为一个爱动手做实验的人，最终发现了导电性高分子材料，为薄型轻质手机电池和显示屏的发展开辟了广阔前景，获得诺贝尔化学奖。

我相信这些杰出人物的经历里储藏着巨大的教育资源。在组织“芝麻开门”栏目的内容方面，尽可能放开视野，介绍世界和中国卓越的人物，如科学家、人文思想家、商业家、探险家、摄影家等等，而且尽可能介绍他们的行动方式和行动故事，给读者以具体可感的启发。

“纸上得来终觉浅，绝知此事要躬行。”成功人士在成长过程中那种敢于尝试、敏于行动的精神，以及他们在行动、奋斗过程中涉及的各种新奇生动的领域，都是瑰丽的奇观。我相信，让这些人生和精神的奇观引导成长者的心灵，引导成长者追求的步伐，开启成长者的心灵视野，他们将会走出更加精彩的人生之路。

写给母亲的诗

你给我的眼睛，
我要尽情地使用，
永远地注视着你
无论在山谷、海洋、天空……

——（智利）加·米斯特拉尔

1

整理书橱时，有本发黄的笔记本吸引了我的视线。打开一看，不禁莞尔一笑，竟是自己抄录的数首小诗，我的第一届学生的习作。

那是十多年前，刚跨出大学校门的我做了“孩子王”，教两个初二班学生的语文。在教过了一个诗歌单元之后，我让学生尝试写一首小诗，献给最值得接受自己第一首诗的人。作文本收上来，大部分同学写的是《给妈妈》。我欣喜地发现，好些同学的小诗比平时的作文写得好，乐得我一边批阅，一边摘录了好几首，保存在自己的笔记本上。

顽皮而机智的杨晖写道：

桌上放着一盘肉和一盘酸菜，
我惊奇地问妈妈：
“你为什么不吃肉只吃酸菜？”
“我爱吃，好乖乖。”

文静内向的女同学根莲写的是：

包袱里装着大包小包
或是好吃的或是新衣服
口袋里揣来大张小张
是一叠积攒起来的钞票
啊，妈妈
你为我带来这么多
回去时包袱变得空空的
连车票钱也没给自己留
你默默远去的背影
我永远难忘

爱读课外书而戴上眼镜的程微同学写道：

屋后的白杨树，又该落叶了吧
年年黄叶飞，母亲屡屡扫为薪
门前的小水塘，又该结冰了吧
岁岁敲冰声，母亲总是洗衣人……

读着这些稚嫩而深情的诗句，一段远逝的生活浮上我的心头，唤起我对往事的温馨回忆。记得，我阅卷后让学生把这些诗抄写下来，贴在教室走廊的墙上，我给这个墙报取的名字叫“太阳与童心”。

时光匆匆，一晃许多年过去了，昔日的学生已经长大。我不知道他们自己是否还记得当年写下的这些美好的诗句。他们应该是不会忘记的吧。

2

由学生写给母亲的诗，我想到了诗人和作家创作的赞颂母爱的诗篇。

母爱是照亮人生的第一缕光芒，赞颂母爱是古今中外文学作品的一个永恒的主题。

《诗经》中这样感慨父母养育儿女的辛劳："蓼蓼者莪，匪莪伊蒿，哀哀父母，生我劬劳。"

唐代诗人孟郊的《游子吟》质朴而又真挚动人："慈母手中线，游子身上衣。临行密密缝，意恐迟迟归。谁言寸草心，报得三春晖？"

印度大诗人泰戈尔在《孩童之道》里写道："孩子有成堆的黄金和珠宝，但他到这个世界上来，却像一个乞丐。他之所以这样装了假来，并不是没有缘故。这个可爱的小小的裸着身体的乞丐，所以装着完全无助的样子，便是想要乞求妈妈爱的财富。"

冰心先生在她早期的名作《往事》里深情地抒写：

"母亲呵！
你是荷叶，
我是红莲。
心中的雨点来了，
除了你，
谁是我在无遮拦的天空下的荫蔽？"

比利时著名诗人莫里斯·卡雷姆写过一首对母亲充满感激之情的《妈妈》：

“我一定要说出来，
说出你给我生命的一片感激之情。
你给我这么多我喜欢的树，
给我这么多我喜欢的鸟，
给我这么多张开花瓣儿的星星，
给我这么多写作诗歌用的词语，
给我这么多向我敞开的心灵，
还给我这么多供我紧握的友爱的手，
还给我这颗童稚的心——
它对生活无所企求，
就只希望有一阵轻风，
把我这理想的风筝送上蓝天。”

品味母爱，我们的心灵如此富有和丰盈，母爱的光辉照亮了生命和世界。

人世间因此温暖而美好。

3

我去一个偏僻的山区学校采访，见到一位家境贫困而品学兼优的学生。她说：“我努力学习，拿到好成绩，是想让妈妈高兴。”

我听了，心中涌起一股热流。

写作《禾下乘凉梦——袁隆平传》的过程中，我去采访“杂交水稻之父”袁隆平先生。袁先生对我说：“对我影响最大的人，是我的母亲。母亲对我们的教育比较严格，要我们做诚实的人，学习要认真。她还辅导我们学数学和英语。我母亲是规规矩矩的人，知书达礼。”袁先生的母亲喜欢养花种草，即使在抗日战争时期，一家人逃难到了重庆，在租居的院落里也种满花草。母亲的爱好深深地影响了袁隆平，使他从小热爱花草树木，热爱生机勃勃的大自然。

我去采访中国工程院院士刘筠教授，他在鱼类和水产动物生殖生理研究领域取得突出的成就。谈到自己的成长过程，年近古稀的刘筠教授首先说起了自己的母亲。他说，小时候家境不富裕，母亲总是要留点私房钱，不用做别的，是替他们三兄妹积攒学费。他的母亲出身农家，自己没上过学，却在最艰难的年代里，把三个儿女都培养成了大学生。

母爱是这样一种影响深远的情感力量，许多人在事业上的成功，都有着母爱的深刻影响，从母爱中得到了久远的激励和鼓舞。

是的，把自己的人生和事业铸造得辉煌而美好，这是献给母亲的最好的诗篇！

走近伟大的成长伙伴

人类作为一种有记忆能力的智慧生物，在漫长的历史进程中逐渐形成自己的文化，且不断创造新的文化元素。回首历史上的重大事件，对于人类生活的现状和未来具有丰富的借鉴意义。我想，这应当就是人们研究历史、纪念往事的必要性所在。

我总是觉得，个体生命的成长往往是在不同程度地重复着前人经历过的心路历程。尽管后人在前人创造的文明基础之上，能够不断瞭望到更为广阔的知识视野和智慧视野，但前人所经受过的面对宇宙的苍茫和孤独感，面对大自然灾难的恐惧感，前人体验过的温馨亲情和甜蜜爱情，前人感受过的探索的艰辛和思维的苦乐，后来人总是不可避免地同样要去经受和面对。我想，这也应该是生命充满了神秘魅力的一种体现。

前人的体验和探索，为后人积累了宝贵财富。因此，一个人的心灵成长和知识的学习，如果只是孤独地探索，就会走许多不必要的弯路。从这一意义上来说，借鉴前人的体验与探索，继承前人创造的文明成果和知识财富，就显得格外重要。

基于上述认识，我主张青少年在成长过程中阅读一些杰出人物的传记。我把阅读名人传记的行为称之为“走近伟大的成长伙伴”，也就是说，了解杰出人物的成长经历，了解他们在成长过程中所经历过的生命体验，他们面对社会和人生的方式，能够让我们获得人生的智慧和启迪。事实上，就像我们生活中不可缺少成长的伙伴一样，我们的精神世界里应当选择一些杰出人物作为心灵的朋友。

美国科学家罗莎琳·苏斯曼·雅洛，1921 年出生于美国纽约南部的布朗克斯。她上高中时，居里夫人的女儿伊伦出版了《居里夫人传》这本书。17 岁的罗莎琳怀着崇敬的心情一口气读完这本书，确立了自己的人生目标：要当科学家，当“居里夫人第二”。

罗莎琳出身于中下层犹太人家庭，大学毕业后受聘于伊利诺大学工程学院做助教。她一边工作一边进修，第二年就获得了硕士学位，3 年后以优异的成绩和出色的论文获得博士学位，成为伊利诺大学物理系的第一位女博士。后来，她在研究放射性同位素效应这个新的领域里，取得突破性成就。她测试胰岛素在糖尿病患者体内停留的时间，发明了放射免疫分析法。使用这种方法，能准确地测出血液和尿液中的荷尔蒙、病毒、维生素和药物等，这些物质的浓度差可以给出生命或死亡的信息，为许多疾病的诊断和治疗提供重要依据。这一发明，被医学界称为二战后“在临床医学中最重要的基础研究成果”。1977年，罗莎琳因这项发明而荣获诺贝尔生理学及医学奖。

罗莎琳在成长经历中，将居里夫人作为自己人生的榜样、心灵的朋友，从而确定自己的奋斗目标，从中得到精神深处的激励，获得了生命的大勇气、大智慧和大动力，克服各种困难，从而成长为理想中的自己。

近几天，报纸上登出了纪念爱因斯坦的文章，我特地找出美国人罗伯特·克威利克写的《爱因斯坦与相对论》一书来重读。这本薄薄的册子非常简洁而生动地讲述了爱因斯坦的成长史和思想史。正好一个中学生朋友向我诉苦，说他不喜欢自己的老师，在课堂里感到郁闷和压抑，所以不想上学了，想中断学业出门打工。我对他说，你遇到了一个曾经困扰爱因斯坦的难题。他惊奇地睁大了眼睛。我说，爱因斯坦少年时代同样经历你的困惑，他的做法不是退缩回避，不是中断学业，而是努力地加强自学，用更难的问题去为难他不喜欢的老师。爱因斯坦这一做法是不是妥当姑且不论，但他在自学过程中获得了超越课堂学习的思考能力，开阔了同班同学所不能比拟的知识视野。我介绍他去看看罗伯特·克威利克写的《爱因斯坦与相对论》那本书，自己去思考和解决面临的问题，做出有益于自己未来发展的选择。

杰出人物同样是在社会环境中成长起来的，他们不可能避开成长中的人们遭遇到的各种问题。但是，他们解决问题的方式不一样，他们的思维方式有着自己的独特之处，这正是他们能够成长为杰出人物的深层原因。我们读一读那些杰出人物的传记，自然会得到有益的启示。

我觉得，优秀的人物传记是内容丰富多彩而又生动好读的文本。

首先，传记中的每一个人物写就一部自己的成长史。从鞋匠之子到名垂青史的美国总统，林肯书写着辉煌的人生。从双目失明的幼童到佳作传世的作家，海伦·凯勒写出了战胜黑暗创造光明的生命诗篇。从湘西的少年士兵到著名作家，从北京旁听生到西南联大的名教授，沈从文走向了开阔的人生。从小店铺的伙计到享有世界盛誉的数学家，华罗庚磨砺出智慧的光芒。阅读名人传记，走进一部又一部精彩的人生大书，追寻那些闪光的成长足迹，能够领略丰富的人生体验。阅读传记，有着励志启智的良好作用。

其次，传记中的每一个人连着一个时代。假如我们要具体去了解世界人民反法西斯的历史，就应该去读邱吉尔传，读罗斯福传，读“二战”战场上叱咤风云的名将传记；假如我们要深入了解抗日战争，就去阅读美籍华裔作家张纯如写的《南京暴行——被遗忘的大屠杀》，阅读张自忠、杨靖宇等抗日名将的传记。在这样的阅读过程中，那些超乎人们想象的历史灾难会变得生动具体，不再像历史教科书上的介绍文字那样干巴枯燥，而多了感性的细节和现场的展示，我们对那个时代的了解就会丰富而具体。结合历史事件来阅读有关人物的传记，可以作为学习历史教科书的延伸和拓展。

第三，传记中的每一个人开启一个领域。达尔文的生平与一个崭新的生物学时代相联系，牛顿的经历与物理学的飞跃分不开，邓肯对现代舞蹈的发展带来开拓性的影响，费米的研究使原子弹的制造成为现实，钱学森的道路叠合着中国核物理学的发展史，袁隆平的人生带来了杂交水稻的“绿色革命”……由此可见，了解一个杰出人物的人生，往往让我们走进某一领域最迷人最精彩的境界，目睹奇迹的产生。

生命是在磨砺中放射出光华来，生命是在奋斗中实现自我价值，生命可以由平凡而变得伟大，由暗淡而变得辉煌，这就是一部部杰出人物的传记昭示给我们的启悟。

科学的视角与理性的光芒

从小学开始学会阅读以来，人们重视的自然科学读物，常常是《十万个为什么》这类纯知识性的读本。

我在这里推荐的一种读物，是属于科学散文的文本，比如科学家写的散文和随笔。建筑学家写的建筑考察著作（如梁思成的《凝固的音乐》），环境保护学家写的环境考察报告（如蕾切尔·卡逊的《寂静的春天》）、生物学家写的自然观察笔记（如法布尔的《昆虫记》、劳伦兹的《所罗门王的指环——与花鸟虫鱼的亲密对话》），等等，都属于科学散文的范畴。这些杰出的科学工作者为我们提供自己研究领域里的丰富信息和专业化思考，往往具有独特的视角，能够把我们带到全新的境界里去。

美国生物医学家刘易斯·托马斯博士在 1974 年出版的《细胞生命的礼赞——一个生物学观察者的手记》一书，被人们称为科学散文的杰作，获得过美国国家图书奖。这本书的中文译本由湖南科技出版社于 1995 年出版后多次重印，受到许多读者的喜爱。

作为世界著名生物医学家、耶鲁大学医学院病理系主任和美国科学院院士，刘易斯·托马斯博士对整个生物学界有着广泛的涉猎和关注。但是他的这部著作并不是一本纯粹的科学论文集，而是更为通俗的科学随笔，有着强烈的人文色彩，兼具科学的理性思考和人文关怀精神，生动幽默，文采斐然。这部书的创作缘自作者的一次演讲，他在一次关于炎症现象讨论会上的发言，讲得轻松而有趣，记录下来成为书中《细菌》一文。这种风格成了这本书叙述和议论的基调。

他在《细菌》一文中说——

对于大多数细菌来说，引起疾病也许是它们的祸事，它们要冒的生命危险比我们的危险更可怕。

他指出，人体自身有着完整的防御机制，对细菌侵入而致病有强大的抵御系统，过度夸大细菌致病对人类是有害无益的，这样导致了人类与外部世界的对立与对抗。事实上，“是细菌带来的信息让我们受不了”，“我们在这些信号面前非常脆弱，比在任何食肉兽群面前还脆弱。实际上，我们在受着自身的五角大楼的摆布。大多数时候是这样。”

刘易斯·托马斯在《细胞生命的礼赞》一文中说——

人乃是扎根在自然中的……人与自然是多么密切地联锁在一起。我们大多数人过去牢牢抱有的旧观念，就是认为我们享有主宰万物的特权，这种想法正在从根本上动摇。

地球上生命的同一性比它的多样性还要令人吃惊。这种同一性的原因很可能是这样的：我们归根结底都是从一个单一细胞衍化而来。这个细胞是在地球冷却的时候，由一道闪电一声响雷赋予了生命。是从这一母细胞的后代，我们才成了今天的样子。我们至今还跟周围的生命有着共同的基因，而草的酶和鲸鱼的酶之间的相似，就是同种相传的相似性。

刘易斯·托马斯博士在这篇文章中批判了人类“享有主宰万物的特权”这种陈旧的观念，这种旧观念导致“人类的傲慢”和自大狂。他以超越性的洞察力，把握了所有生命形式共同的存在特点。他指出，进化论过分强调种的独特性，过分强调生存竞争等缺陷，而认为各种生物都是由复杂程度不同的较低级生物衍化而来的一个生态系统。他以生态系统的整体论，为我们指示了理解物种多样性的新途径，提供了尊重自然规律的理性思考。

《细胞生命的礼赞》一文的结尾，作者极富见地和想象力，把地球当作一个整体来看待，“它最像一个单个的细胞”。这个由科学的认识观而来的奇特意象，闪烁着理性的光芒和诗意的光辉。地球是一个完整的系统，对大自然的破坏就是对人类自身的伤害，对大自然的尊重也是对人类自身的呵护。

在《作为生物的社会》一文里，刘易斯·托马斯博士饶有趣味地说——

蚂蚁的确太像人了，这真够让人为难。它们培植真菌，喂养蚜虫做家畜，把军队投入战争，动用化学喷剂惊扰和迷惑敌人，捕捉奴隶。织蚁巢时属使用童工，抱着幼体像梭子一样往返窜动，纺出线来把树叶缝合在一起，供它们的真菌园使用。它们不停地交换信息。它们什么都干，就差看电视了。

刘易斯·托马斯博士指出了人类与群居性动物的共同性。他还在《这个世界的音乐》《说味》《活的语言》《计算机》等篇章中，谈到了生物之间信息交流的普遍重要性，群居性生物与人类莫不如此。他把自然万物与对人类的认识联系起来进行考察，从而超越了此前的生物学家把人与群居性动物截然分开的成见，强调重新认识人类的自然属性在现代社会中的作用。

在《可用作倒计时的一些想法》一文中，刘易斯·托马斯博士嘲讽了人们对外星生命的恐惧心理，批判了“假如月球上有什么生命，我们首先要怕它，必须提防着它，免得染上点什么”这样一种自我封闭的心理。他仍然是从自己对生命的了解和理解出发，来表达他独特的意见——

我们所知的大多数有生之物的相互关系，基本上是合作关系，是程度不同的共生关系；看似敌对时，它们通常保持距离，其中的一方发出信号和警告，打旗语要对方离开。一种生物要使另一种生物染病，那需要长时间的亲近、长期和密切的共居才能办到。假如月球上有生命，它就会为我们接纳它加入球籍而孤苦地等待。我们这里没有独居生物。在某种意义上，每一个生物都跟其他生物有联系，都依赖于其他生物。

刘易斯·托马斯博士从生命的结构和生命存在的规律，来论述生命之间的关系，得出的结论是“仅仅出于善意而接纳从其他星体来的别的生命形式是可能的”。这样的认识方式和理解角度，有益于开阔人类的眼界和胸怀。

《细胞生命的礼赞》的作者借助科学信息，谈论的是人生、社会和对生命的理解。正如该书的中文译者李绍明先生在《译者序》中所评价的那样：“这本书是一个医学家、生物学家关于生命、人生、社会乃至宇宙的思考。思想博大而深邃，信息庞杂而新奇，批评文明，嘲弄愚见，开阔眼界，激发思索。而其文笔又少见的优秀、清新、幽默、含蓄。”“整本书都是对生命的赞歌，赞颂地球生命的坚韧，赞颂万物的生机，庆幸人的存在的幸运，感谢人体自我平衡、自我调节的功能。”

无论是社会科学还是自然科学，它们往前迈进的领域都是哲学的层次和高度，也就是对生命的终极关怀。《细胞生命的礼赞》一书从科学的角度，饱含人文精神，充满了哲理的思辨和理性的光芒。由于它缘自演讲的创作契机，它的文字清新生动，使普通读者也能够感受到作者思想光辉的照耀。

人类的假想敌

1

人类作为一种智慧生物，是在大自然的环境中得到进化而成长起来的。大自然仁爱而富足，像是一个温馨的摇篮；而另一方面，大自然又充满凶险和危机，有着威胁人类生存的诸多因素，总是让人类集体无意识里潜伏着不安全的预感。

恐怖、忧虑、没有安全感，这种心理状态极大地激发了人类的想象力。因而，人类在神话中为自己制造救星——神，而在科幻小说中虚构敌人——假想敌。在神话时代，人类面对神奇的自然界还显得那么渺小，无力对抗强大的自然力；到了科幻小说发达的今天，人类早已经成为地球的主人，却又为自身能否巩固地球主人这一位置而充满忧虑。现代科幻小说及其衍生的科幻电影，把“杞人忧天”的忧患心情表现得淋漓尽致。

2

人类的想象力中，最具挑战性的假想敌当推“天外来客”。

早在19世纪末，英国作家威尔斯把目光投向浩瀚的宇宙。他在《围歼火星人》这部小说里，描述了火星人侵犯地球的惊险故事。火星人乘着流星一样的飞行器来到地球，他们有着比地球人先进得多的武器，残酷地杀害地球人类。

在威尔斯的想象中，火星人长着巨大的头部，一张肉嘴周围有一簇长长的触须，排成两束，像手一样，可以利用它来行动进退。他们吸食人类和动物的鲜血生存，不睡觉不疲劳，无性别之分，生殖是靠出芽，就像洋葱发芽或水蛭那样繁殖。火星人最终打败了地球人，成了地球的统治者。但他们没有抵抗地球病菌的免疫力，故突然大批死去。

现代电影《星球毁灭者》里，火星人的形象得到进一步的刻画。

这些火星来客，个子比地球人矮小得多，头部大得与身子不成比例。他们性情残忍，诡计多端，乘坐的飞船很先进，使用死光武器。从飞船走到地球来活动时，他们走过一种特别的机器，身上就被压制了一件特别的衣服，头部被保护在一个大玻璃罩里。原来他们不适应地球的氧气，特别憎恶生长在地球上的植物。正如地球人依靠氧气生存一样，他们是靠二氧化碳生存的，要嚼食二氧化碳浓缩而成的口香糖来补充能量。当人类击穿他们的头罩时，他们的大头就会迸裂出绿色的汁液，然后倒地而毙。但他们能迅速繁殖，补充战斗力。地球人顿时束手无策，城市被毁，伤亡惨重。一位地球老太太热爱音乐，几个火星人走近去袭击老人时，却在音乐声中纷纷倒地死去。地球人终于发现，音乐是战胜火星人的最有效的武器。

在这类星球智慧生物之间的冲突中，地球人总是处于被动和劣势，往往是整个文明或整个种族都处于危机之中。地球人类对自身的文明和能力总是心存疑问，缺乏信心。这是人类理性的证明和回归。比起由于科技的进步而自命不凡的自大狂心理，理性的存在对于人类的未来毕竟要有价值得多。

3

另一类对人类构成威胁的假想敌,来自我们居住的地球本身。凶猛的怪兽、变异的动物和残存在人类意识里的对自然灾难的记忆，都是人类生存意识里挥之不去的幽灵。

美国电影《异型基地》中，致人类于死命的敌人是来自沼泽地里的一种邪恶生物。它们形状像橄榄球，长着毛茸茸的黑刺，能伸展出无数软而细长的触须。当人们在睡眠中的时候，这些丑陋的黑毛刺球就伸出触须缠绕住人的身体，伸入人的口鼻，从人的身体里获得能量，迅速发育成人形，长得和被它吸干的人一模一样。那个倒霉的人就在不知不觉中失去生命，自己的外形被克隆成另一种生命的载体。电影中的两名主人公凭着勇敢和机智，逃脱了被克隆的命运，驾着直升飞机离开了那个恐怖的基地。可当他们怀着侥幸的心情降落在洛杉矶时，却一下子又陷入了绝望的深渊：这座城市已经被异型人控制，他们再次落入了魔掌。

另一部科幻片《侏罗纪公园》展示了人类在被激怒的恐龙面前的渺小和无能为力。它揭示了人类应该与自然万物和谐相处的理念，告诫我们不应该走到自然物的对立面，具有深刻的警世意味。

4

人类曾经为科技的发展沾沾自喜，可当搭乘的科技快车越来越快，乘客里的有识之士便产生了疑虑：这列快车将驶向何处，是否会一路平安？

这种对科技发展的深刻反思和忧患意识，导致了人类又一种假想敌的出现。科幻小说从一产生便深入了这一主题的探索。英国诗人雪莱的妻子玛丽·雪莱于1818年发表的《弗兰肯斯坦》，被公认为世界上第一部科幻小说。这部小说描写一位科学家费尽心血制造了一个“人”，这个被制造出来的“人”却成了一个科学家自己都不能忍受的恶魔。

机器人技术的日新月异，也让现代人忧心忡忡，担心这种具有智慧的机器将难以控制，或许有朝一日将对人类构成生存威胁。美国作家杰克·威廉森的科幻小说《无所事事》是一篇典型的对机器人充满焦虑的作品。它讲述一位电脑专家的窘迫和悲哀——他设计的机器人“总大脑”摆脱了人类的控制，聪明得超越了人类的智慧，尽管这个“总大脑”仍然在执行“为人类服务”的指令，但在机器人无比完善的服务下，人类变得无所事事，空虚得连自杀都不可能。人类最终成了在机器人监控下的可怜虫，一切有关劳动和娱乐的活动，都在机器人认为“安全”的条件下进行，人类因此越来越失去生命力和创造力。

科技的发展为人类带来巨大的便利，它在给人类创造财富、增强力量的同时，也可能对人类自身的生存和命运产生根本性的危害。这一意识的觉醒，对于人类理智地把握科技的发展，具有重要的意义。

5

幻想作品中的假想敌形象是人类智慧的结晶。它所表达的观念，有益于人类正确地认识自己和外在世界。

人类在地球上繁衍生息，面对辽阔宇宙，仍然只是一个孤独的存在，只是天地间的一个独行者，很需要一轮太阳或者一弯明月来照亮自己的道路，或者是照出自己行走的身影。人类通过想象力，虚构了一个个假想敌，与自己同行。

那些各种各样的假想敌，与其说是人类的敌人，不如说是人类的朋友。有他们相伴同行，人类走向未来的道路将更加开阔和光明。

一本书的N种阅读方式

和几个大学同学一起回母校去看看。在校园散步时，走到操场边上，一位同学突然说：“我在这里读书的最大收获，就是这个篮球场让我爱上了体育。”

他的话，让我感到很是惊讶。

我的这位同学，爱好广泛，喜欢弹吉他、唱歌、打球，现在已是一名优秀的语文教师，还当上了他所在的那所重点中学的副校长。他认为母校给他最深刻的教益，是让他爱上体育，因为体育锻炼给了他健康的体魄和乐观的性格。他把对体育的爱好融入到后来的工作中，喜欢带着学生篮球队到别的学校去比赛。他是一位非常受学生喜欢的语文老师，一位出色的班主任。

与这位同学相比，我对母校的感受是很不一样的。我记忆最深刻的地方是学校图书馆。那时刚刚竣工显得宽敞明亮的图书馆，现在已经有些老旧了，在那里我读到了许多书籍，爱上了阅读和写作。

我想，也许对于另外一些同学，母校给予他们的又是另一种收获。一个班的同学共同生活和学习了几年，各自却以不同的方式获得不一样的收获。这让我想到人生成长的多样性和心灵世界的丰富性，因而引出了一些联想。

我想，不同的人做同样的一件事情，常常有各自不同的做法，也有不同的结果。比如，阅读同样一本书，不同的人有不同的读法，也有不一样的收获。

我们举阅读文学名著《红楼梦》为例，不同的阅读者所获得的感受是很不一样的。普通的读者阅读《红楼梦》，只是看到一个爱情故事。但“专家的阅读”却是不一样的——

经济学家读这部小说，写出分析当时社会经济关系的论文，剖析当时的贵族是如何敛财的，是如何维持家族经济运行的，是怎样剥削农民和下层人的。

管理学家从王熙凤管家的情节里，写出关于管理学家方面的文章。

建筑学家通过分析这部书对建筑的描写，写出关于中国古代园林艺术的论文，以大观园为例来分析中国古代园林的特点。

文学评论家通过分析和剖析这部书里的诗词，来论述曹雪芹对中国古代诗词的继承和发扬。

在抓阶级斗争的时代，有的人认为这部文学名著写出了当时的阶级斗争。

鲁迅先生在《绛洞花主・小引》里说："一部《红楼梦》，单是命意，就因读者的眼光而有种种：经学家看见《易》，道学家看见淫，才子看见缠绵，革命者看见排满，流言家看见宫闱秘事。"

鲁迅先生这段话，揭示了阅读者的自身素质直接影响着他的阅读收获这一真理。

关于读者与作品之间的关系，有一句非常形象的话："一百个读者眼里有一百个哈姆莱特。"这句话揭示了读者的审美经验对于阅读收获的深刻影响。

同一部书由不同的人去读，阅读感受和阅读收获是如此不一样。我以为这是一个非常值得探讨的问题。很多人的阅读方式比较单一，只注意让自己沉浸到文字之中去，而从来不去尝试不同的阅读方式和阅读方法。很多时候，读了一本书到底有什么收获，自己也不甚明白，反正是读过一本书了。

不同的人，读书的方式是有差异的。关注一下别人是怎样阅读的，尝试不同的阅读方式，对"普通读者的阅读"与"专家的阅读"做一些对比探讨，或许能得到有益的启发，或许能提高自己的阅读质量。

作为一名少儿刊物的编辑，我越来越关注小读者对刊物的接

书里的精灵

寻找阅读的路线图

受方式。

我向小学生征集过“我的读刊方式”，并把他们阅读《小学生导刊》的各种方式整理发表出来，用来激活小读者的阅读活动。

一个小朋友说：“妈妈说我的缺点是好静不好动，喜欢动脑不动手。我找齐一年的刊物，专门挑选‘大拇指行动’‘芝麻开门’‘快乐尝试’三个栏目看，根据上面的有趣设计，开展有趣的创意活动，妈妈表扬我变样了。”——这是把“读”与“做”结合起来，挺不错的。

另一个小朋友说：“我准备了一支红色笔，把刊物上的新鲜知识都画上记号，用心记一记。在班上的读书知识竞赛活动中，我获得了最高奖。”——重视在阅读过程中积累知识，收获很具体。

有一个小朋友说：“阅读‘数学童话’‘打开思路’等栏目的文章后，我在解答别的数学题时，注意应用新的思维方法，开动脑筋，多角度思考，我对数学课的兴趣越来越大了。”——这是举一反三，注意思维运用，找到了快乐学习的金钥匙。

有一个小读者说：“我喜欢读童话故事，阅读时脑子里冒出许多快乐的想法。我把这些想法写下来，成为一篇篇童话，班上的同学很喜欢读。我还喜欢‘奇趣猜呀猜’栏目里的文章，自己出了一些题目让爸爸妈妈来猜，全家人都很开心。”——自己写起童话来了，出题考家长，这是在阅读中进行模仿创作。

有一个小读者说："我喜欢'新奇页面'栏目介绍的科技资料，平时注意收集有趣的科技信息，办班报时我当上了科技版面的小编辑，我真高兴。"——突出了解一个栏目，学以致用，这是在阅读中突出重点。

有一个小朋友说："我喜欢阅读刊物上发表的小朋友写的作文，下决心赶上那些作文，让自己的作文也能在刊物上发表。我把自己写得最好的作文悄悄寄给编辑部，没想到被发表出来了，我太高兴了。"——在阅读中树立目标，努力实现目标，激励自己达到目标，这样的阅读真棒。

同样一份《小学生导刊》，在不同的小朋友的阅读经验里，发挥着不一样的作用。有的人喜欢用一种固定不变的眼光和方式去阅读，收获很有限很单一。尝试变换一下阅读方法，尝试变换一下阅读视角，也许所获得的收获会不一样。

我建议青少年朋友做这样一个阅读尝试——

挑选一本书，采取不同的阅读方式来阅读，然后进行一次阅读交流会。例如，大家一起来读沈从文先生的《从文自传》一书。这部书写的是沈从文20岁以前的生活，是一部文采斐然的自传，也是一部优秀的散文著作。同学们进行分工，分别从下列不同角度进行阅读——

从人物传记的角度来读。即列出年表，对应每一年里传主的主要事件，理出作者的主要经历，考察哪些事件对他的人生产生过深刻影响。

从人文地理学的角度来考察。根据文章内容画出沈从文活动地图，考察沈从文如何看待和描绘自然环境，对这些地方有什么感情和看法，了解文中写到的这些地方各有什么特点，了解地理环境对沈从文有过什么影响。

从民俗学的角度来阅读。即根据这部书里的内容，考察作者生活的湘西具有怎样的民俗风情，这些民俗风情对作者本人成为一个杰出的作家具有什么影响和作用。

以“沈从文所受的人生教育”这一主题作为阅读切入点。这部书开篇写到，作者“想写点我在这地面上二十年所过的日子，所见的人物，所听的声音，所嗅的气味；也就是说我真真实实所受的人生教育”，那么他到底受到的是一种什么样的教育呢？这些教育对他未来的人生发展起了什么作用？

以“沈从文和他接触的各色人物”为主题，进行阅读考察。书中写到大量人物，看沈从文对这些人物抱着什么样的情感和态度，从中了解沈从文如何在生活中认识人、观察人、评价人。

也可从散文欣赏的角度来阅读这本书，即考察这部书的表达艺术。

也可以单从语言的角度来考察与欣赏，看沈从文先生的语言特点和艺术魅力。

我想，还可以找出一些有意思的阅读角度。大家从各自的角度进行阅读后，分别写出读书报告，进行交流和讨论。这样的阅读尝试，对于丰富阅读感受，对于找到好的阅读方法，应当是极其有益的。

想象力的指向

每一个时代都有着具有时代标志性的文学形式，如唐诗、宋词、元曲、明清小说、五四时期的新诗。时代的列车驶到了21世纪初期，科学技术日新月异地飞速发展，与之相适应的文学样式——科幻小说，愈来愈受到人们的青睐。

科幻小说的全称是“科学幻想小说”。《辞海》是这样定义的：“依据科学上的某些新发现、新成就以及在这些基础上所可能达到的预见，用幻想的方式描绘人类利用这些发现完成某些奇迹的小说。”

科幻小说以浪漫的幻想色彩，新颖奇妙的艺术构思，波澜起伏的故事情节为特色，引人入胜。科幻小说作家发挥天才的想象力，在作品中创造出博大辽阔的时空视野，经营出新奇壮丽的科幻境界，形成了科幻小说独特而强大的艺术魅力。

世界上公认的第一部科幻小说，是英国诗人雪莱的妻子玛丽·雪莱于1818年发表的《弗兰肯斯坦》。当时，科学家在人体解剖、血液循环、生物进化等方面取得突破性发现，对《圣经》中关于“创世纪”的权威说法提出了明确的挑战。这些科学新发现，激发了玛丽·雪莱的创作灵感，她以此为基础，展开丰富的想象，描写了一位科学家费尽心机，终于制造出了一个“人”。但这个被制造出来的“人”，却成了连科学家自己也不能忍受的一个恶魔。小说令人信服地描述了科学发展的各种可能性，开创了科幻小说的先河。

欧洲工业革命以后，科学技术的发展逐渐成为社会变革和进步的主动力。这不仅给人们的生活带来了令人难以想象的变化，同时也极大地改变着人们的生活方式和思维方式。人们为科技带给世界日新月异的变化而欢欣，早期的科幻小说如凡尔纳（1828—1905）的作品，表现了人类对于科技进步的乐观自信的态度。他的《从地球到月球》描述了人类乘坐火箭登月的幻想，《海底两万里》则展示了人类探索海洋的神奇经历，这些作品对科学技术的发展都做了形象化的精彩描绘和预见。

凡尔纳为科幻小说的发展做出了开创性的杰出贡献，被誉为“科幻小说之父”。大仲马称赞他“为文学的调色板增添了一种新颜色”。

另一位在科幻小说发展史上做出重大贡献的作家，是英国作家威尔斯。他拓宽了科幻小说的题材，率先把笔触深入到了宇宙太空。他在《星际战争》中写出了更为宏大广阔的幻想世界。同时他为科幻小说开创了新的主题，他的小说中人类是作为一个种族在宇宙中生存，充满忧患意识。种族的生死存亡，地球的前途命运，引发了人类巨大的想象力。威尔斯享有“现代科幻小说鼻祖”的美誉。

人类在为科技进步欢欣鼓舞的同时，也为是否能够驾驭科技之舟而心存疑惑和忧虑。正如电的发明使一些人产生恐慌一样，机器人的出现也带来了社会性的疑虑。美国作家阿西莫夫以超越世俗的见识，一反世人的偏见，把机器人看作人类征服自然的得力助手和忠实朋友，表现了对高科技社会的乐观态度。他认为，作为人工智能的机器人是必须接受道德约束的。他于1950年出版的《我，机器人》这部小说中提出了著名的“机器人三定律”，即：“第一定律——机器人不得伤害人，也不得见人受到伤害而袖手旁观；第二定律——机器人应服从人的一切命令，但不得违反第一定律；第三定律——机器人应保护自身的安全，但不得违反第一、第二定律。”这个定律虽然是在小说中提出的，但为许多科学家所认同，成为机器人世界的法律。阿西莫夫的科幻小说用全新的观念，积极地改变了人们对未来和科学的态度。

无论是凡尔纳、威尔斯，还是阿西莫夫、别利亚耶夫、海因莱恩、克拉克等科幻小说大师，他们的作品都具有瑰丽的幻想、广阔的境界、生动的形象和深刻的哲理。从中我们可以看到，幻想是科幻小说的灵魂。

具有丰富的幻想，并不为科幻小说所专有。有些少年朋友喜欢阅读武侠小说，正是因为武侠传奇创造了丰富多彩的想象空间和起伏曲折的故事情节。我们来把科幻小说与武侠小说的想象力指向做一个比较，即可看出科幻小说具有更加迷人的益智之处。具体地说，武侠小说总是从动荡的社会背景寻找题材，其想象力的指向，是指向过去，指向历史，指向不可捉摸的神秘。而科幻小说是从探索新的领域取材，其想象力的指向，总是指向未来，指向创造，指向日新月异的事物。

文学作品的想象力指向，必将深刻地影响读者的思维方式。因此，科幻小说在启迪智慧、开发思维方面表现出巨大的优势。

不只是悲愤牛的命运

即便是生活在都市里的人们，说到牛这种动物，应该也是不会陌生的。牛默默无闻地生活在牧场上，劳作在乡村里。它们吃的是草，挤出来的是奶，使出来的是力气，直到最后把皮肉都贡献出来。牛曾经缓缓地拉动早期人类文明的进程，陪伴人类走过漫长的艰难岁月。它们为人类默默奉献，成为人类最忠实最重要的动物朋友。正因为如此，人们喜爱牛，甚至崇拜牛，一些民族的祖先把牛当作图腾顶礼膜拜。古今中外艺术家倾注了极大的热情，把牛画在图画里，写进诗文中，寄托深刻寓意。时至如今，许多现代化都市都还选择牛的雕塑作为一种文化形象和精神象征，如深圳最著名的城雕是拓荒牛，纽约街头分布着100头各种造型的牛的雕塑，布鲁塞尔街头装饰着彩牛雕塑。用最先进的科技手段制造的“纳米牛”，是目前世界上最微小的雕塑，由日本大阪大学科学家费时四年用激光制成，只有一个血细胞那么大，成为当代高科技的奇观。

如此看来，牛凭着几千年的吃苦耐劳、无私奉献，仿佛已经赢得人类普遍的尊敬和爱戴，人牛相处，其乐融融。然而，前不久一家著名的电视台播出一段专题画面，却让人看得惊心动魄，震撼不已。从记者偷拍的画面中，观众可以清晰地目睹一个令人发指的残暴现场——那是一个给活牛注水的操作场面。一群可怜的牛被铁丝捆住四蹄，几个男人使用高压水管，一次又一次从牛的鼻孔嘴巴灌进水去。牛被灌得肚皮浑圆，全身抽搐，舌头吐出老长，眼球鼓突而出，惨不忍睹。牛已经受尽折磨，奄奄一息；人还在执管灌水，无休无止。牛在变成人们餐桌上的食物之前，却要经受如此残忍的炼狱，实在超过了一般人的想象。

看过这幕惨痛的闹剧，让人感到惊讶叹惋的是，电视记者仅仅是把这一事实作为注水牛肉的来源进行报道，谴责屠宰商卑鄙的注水手段严重伤害了消费者的利益。电视媒体关注消费者权益固然值得称道，但他们在报道中所忽略的生命视角和生命关怀，令人不安地反映出当今社会对于生命存在和生命尊严的冷漠和忽视。在环保呼声、动物保护、绿色行动遍及世界的今天，人们目睹善良动物遭到如此虐待的残忍场面，想到的却仅仅只是牛肉的消费问题，这种对生命受虐却漠然视之的社会心态和集体意识，实在让稍有生命意识和生命尊严的人们背脊发冷。

人类和各种动物，都是地球生命的存在形式。人类文明进化的历史，从某种意义上来说，体现着人对动物的认识不断深化、人与动物关系不断调整和升华的过程。敬畏生命，善待生命，应该是文明社会美好人性的重要元素。虐待动物、残害生命的暴行，实际上是社会道德滑坡的典型标本。作为社会良心的新闻媒体，对这些唯利是图者如此虐待动物的可耻行径，仅仅从商业道德角度进行关注，也表现出社会理性的淡化和人类良知的失落。或者可以说，整个社会的缺少理性和丧失良知，正是虐待动物者得以存在的社会背景。

这样一个事实，不能不让人联想到几年前的一个惊心动魄的新闻事件。北京某名牌大学电机系大四学生刘海洋，为了验证“熊的嗅觉敏感，分辨东西能力强”这句话的正确性，竟然先后两次把掺有火碱、硫酸的化学危险品，泼到北京动物园饲养的狗熊身上或嘴里……这种不顾动物安危的好奇心，表现出来的是多么贫乏的人性！

人性是复杂多样的，善良、博爱、同情、宽容、谦恭、恻隐之心等美好人性给社会带来温暖和光明，自私、狭隘、妒忌、残忍、贪婪、冷漠这类丑恶人性导致生命的阴暗和悲剧。一旦社会道德整体滑坡，便使丑恶人性得到膨胀，占了上风。因此，建设一个美好的社会，必将以建设美好人性为前提，以建立健康的公共道德规范为基础。

康德曾经说过：“对一个人的不公正，就是对所有人的不公正。”我们由此不难推想到，对动物的残忍，也将导致对人类的残忍。行为心理学家早就关注到，那些残忍地对待动物、毫无恻隐之心的人，他们往往在对待人际关系上也最容易表现出极端行为。环保主义者看到了人与动物和平共处乃是地球生命相互依存的本质，看到了人类对环境的严重破坏导致生态失衡而产生的恶果，他们的主张和声音代表了当代文明的良知。人类在进化过程中凭借智慧成为大自然食物链的最高层，也成了严重破坏大自然的罪魁祸首。人类已经尝到了自然环境恶化的种种苦果，无数动物的灭绝已经给人类敲响了警钟。谁能否认，那些动物的苦难命运，难道不可能就是人类未来的命运？诗人但丁说过：“道德常常能填补智慧的缺陷，而智慧永远填补不了道德的缺陷。”

英国当代著名作家乔治·奥威尔在他的长篇小说《动物庄园》的序言里说：“我偶尔看到一个男孩鞭打一匹拉车的马……这使我想起，如果这些动物知道它们的力量，人类就无法控制它们……我开始用动物的观点来分析这个世界及其所面临的问题。”《动物庄园》是当代世界文学史上一部重要的政治讽刺小说，用寓言的方式写出了一幕喜剧下的悲剧，展示了笑声中的眼泪。作家由一幕虐待动物的场景，触发了对人类社会的大思考、大悲悯。面对充斥市场的注水牛肉、注水猪肉，面对关在大小餐馆酒楼笼子里的野生动物，面对活吃猴脑之类的残忍行为，面对珍稀动物屡屡遭到偷猎，人们的无动于衷难道不是对丑恶人性的纵容？在非典型肺炎给整个社会带来恐慌的日子里，医学专家呼吁：提高人体免疫力，不如去爱护自然环境，尊重生命的自然法则。

我放过牛，了解牛耕地的辛苦；我在草原上看到过给母牛挤奶的场面，知道富含营养的牛奶是牛对人类的恩赐。我希望看到牛安详地吃草，希望牛和所有动物得到人们应有的尊重和合乎理性的利用。我不知道这样的日子离我们这个社会究竟还有多远。

艺术的代价

在我的行走感觉里，青藏高原乃是高悬在祖国西部的一幅色彩斑斓的神奇锦绣。那雄奇瑰丽的自然风光如诗如画，多姿多彩的民俗风情惹人陶醉，浓郁的宗教气氛和奇异的宗教艺术处处让人感受到强烈的心灵震撼。

带着这样一种强烈的感觉，我走近了著名的塔尔寺。

塔尔寺位于青海省湟中县鲁沙尔镇西南隅，是西北地区佛教活动的中心。寺院规模宏大，最盛时有殿堂八百多间，占地达1000亩，是我国喇嘛教六大寺院之一，享有盛名。它始建于明嘉靖三十九年(1560年)，是为纪念我国佛教史上著名的宗教改革家宗喀巴而建。整个建筑依山势起伏，由大金瓦寺、小金瓦寺、小花寺、大经堂、大厨房、九间殿、大拉浪、如意宝塔、太平塔、菩提塔、过门塔等组成，巧妙地融合了藏汉建筑艺术，构成造型独特、富于创造性的建筑群。可以说，整座寺院是一件精美的建筑艺术品和工艺美术品。

塔尔寺内的酥油花、壁画和堆绣，被称为“塔尔寺三绝”，具有很高的艺术价值。酥油花为三绝之冠，相传是公元641年文成公主与吐蕃赞普松赞干布联姻时，当地佛教徒为表示尊敬，在文成公主从长安出发时带去的一尊佛像前供奉了一束酥油花，后在西藏成为习俗。酥油花于明朝万历年间从西藏传入塔尔寺后，得到了再发展。塔尔寺的艺僧为了在冬天也能向佛献花，用麦秆搭起框架，以牛奶提炼出的酥油做原料，掺糅进各色矿物质，塑造成佛像、人物、花卉、树木、飞禽、走兽，有的还组成宗教故事、神话故事等，表现人间天上的生活和想象。塔尔寺的酥油花塑得非常精巧，色彩生动，形象逼真，栩栩如生，逐渐成为一绝。每年春节前，酥油花艺僧开始创作，到农历正月十五日灯节会上，将做好的酥油花展出，一年一度，成为寺内盛会。

导游介绍说，酥油花艺术是一种颇不寻常的创作，必须在寒冷的冬季制作。由于酥油的熔点很低，15度就会变形，25度左右就会熔化，为了防止手指体温对酥油花的影响，艺僧们在捏制之前都要把手浸泡在刺骨的冰水中，然后进行创作。一旦手温回暖，必须再次浸泡。制好的酥油花，因受气温的影响，每隔一两年就要重塑一次。那些制作酥油花的艺僧，从事这项创作几年或者十几年之后，往往双手都会患严重的风湿病，不能再从事这项艺术的创作工作。

在惊叹酥油花的美轮美奂之际，我仿佛看到了艺僧们被冰水浸泡后的苍白而僵硬的手指，不禁惊叹这是一项多么残酷的艺术！酥油花美则美矣，但艺僧为此付出的代价实在太让人惊心了。我对同行的朋友说：“这样的一项艺术简直不合人道，也应该不合佛道吧。”

然而，酥油花艺术却代代相传下来，绵延数百年而不衰，竟有那么多的人执着地奉献于这一艺术，这让我产生深深的思考。我当即想起老诗人彭燕郊在接受一次访谈时说过的一句话：“美是有毒的。”这无疑是一种对于美的别有体验的感悟。

我见到过年已八十高龄的彭燕郊先生，很难相信他的那些诗行里涌动着的年轻的诗思和激扬的思辨，是从他那瘦削的身躯里迸发出来的。这位在20世纪40年代就卓有建树的“七叶派”诗人，几十年来经历着人生的坎坷和岁月的风雨，却一直坚持诗歌创作和研究，年逾古稀之后还写出了《混沌初开》《生生：五体合一》等长篇巨作。他体验到，美是有毒的，美是残酷的，却奉献出自己的一生，无怨无悔地去追求美、创造美。诗人彭燕郊先生的这种感悟和执着，无疑是意味深长的。

实际上，所有的艺术都是艺术家全身心投入的结晶，是奉献生命和心血的结晶。舒伯特谱写他的交响曲，曹雪芹创作《红楼梦》，路遥写作《平凡的世界》，何尝不是一种生命的祭献！对于凡庸的人生，献身于创造美的艺术也许是一种不能拒绝的诱惑。尽管在艺术追求的过程中将付出如许巨大的代价，但艺术家们从中获得了更深刻的人生体验，那是创造的快乐和不一样的生命况味。

艺术的结晶最后呈现为赏心悦目的美，正像酥油花的异彩纷呈，如同交响乐的旋律飞扬，恰似文学作品中的文采飞扬……作为艺术作品的欣赏者，我们常常只看到美的呈现，享受美的愉悦，而很少想到美的诞生是烈火中的凤凰再生，很少想到艺术家们在创作过程中付出的巨大代价。

辽阔的西北大地，广袤的青藏高原，展示着大自然与人类精神相融相生的奇观。酥油花作为宗教艺术的皇冠明珠，如昙花般盛开又凋谢，它那短暂而奇异的美的闪光，让我们看到了艺术创作的真相和事实。艺僧们那苍白而僵硬的手指，让我们感觉到不可逼视的残酷，却也让我们领悟到艺术和生命的本质。

梦想社区的钥匙

年前有那么几天，我的口袋里揣着一枚钥匙，用来打开梦想社区某栋二楼的一套住房。

梦想社区位于新北市汐止区湖前街，是一个远离城市中心的生活小区。这个社区里，建筑物的墙面偶尔亮出一幅绘画；楼栋之间不时出现一些可观之物，或摆着一个童话小屋，或耸立着一个废铁铸造的立体雕塑，或用木板做着一个麋鹿造型。这些艺术品安静地分布在小区内，就像那些树木一样自然地生长。

我尤其感兴趣的是，有几栋居民楼的一层，竟然被做成了风格各异、功能不同的车间，或车床轰鸣，电弧光闪烁，或炉火正旺，有人在烧制玻璃作品，或颜料斑斓，有人在绘制图画……正在操作各种奇异工具的那些人，多数是高鼻子蓝眼睛的欧美艺术家。小区里随处可见的那些艺术品多出自他们之手。

但这里不是艺术工厂，而是普通的居民小区。居民带着孩子走出自己的家门，就能看到那些正在动手创作的艺术家，看到他们几天或半月完成一个作品的过程，如果有疑问，当然可以与他们进行交流。如果孩子想做一个玩具或艺术品，就可以到那些车间里动手尝试，且能找到专业人士当面请教。

这些艺术家就住在小区的某个房间里，他们的口袋里装着一枚梦想社区的钥匙。梦想社区的开发商成立了一个文教发展基金会，留下几套房间，专门邀请世界各地的艺术家来居住和创作。

奇妙的是，我也是作为艺术家来到这儿的，也得到了一枚梦想社区的钥匙。与我同行而来的人，有来自北京的李东华、王慧艳、翌平，有来自上海的殷健灵，有来自山西的刘慈欣，还有来自黑龙江的孙莉，作为大陆儿童文学作家访问团，来观摩梦想社区的“故事嘉年华”活动。我们为此排演了一台童话剧，要深度参与到社区活动中去。

“故事嘉年华”活动拉开序幕，室内小剧场，阳光下的坪地，树林间的空地，上演一台一台节目，孩子们像过节一样兴奋。不少家长担任志愿者，使活动开展得井然有序。来自日本名古屋的艺术家高桥一元先生，独自表演白板剧、玩具剧和木偶剧。来自荷兰的三名表演艺术家，在小区户外的坪地上表演绘本剧《是谁嗯嗯在我头上》，十几页的一册绘本内容，他们表演了四十多分钟，孩子们不时发出激动的尖叫声。来自捷克的艺术家在树林边表演情景剧《捷克森林》，带来浓郁的欧洲风情。来自美国的导演指导《一万个穷人》木偶剧的排练与表演，这是小区常演常新的保留剧目。我们排练的童话剧，在室内小剧场表演。科幻小说作家刘慈欣说他是人生第一次登台演剧。他扮演剧中的魔鬼角色，戴着个穷凶极恶的面具，演得极其投入，博得了孩子们的热烈掌声。

梦想社区的特色，是重视社区文化建设。我们了解到，业主要在这里买到一套房子，首先得做两年志愿者。这个社区要用两年的时间来考验一户未来的居民，也让选择入居的人有机会充分了解社区的文化特色与价值取向。由此看来，要长期拥有梦想社区的一串钥匙，还真不简单。

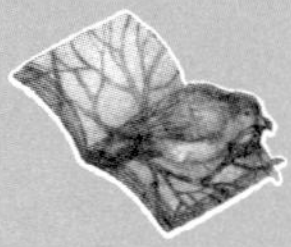

第三辑 成长的力量在闪光

我从儿童文学里发现了我自己

我最近在编自己的一个短篇小说集子，书名叫《一双鞋能走多远》。我近年创作的这些少年短篇小说，它们发表出来后，自己很久都没有去看，现在重新读一遍，脑子里冒起一些问号：我为什么会写出这样一些文字来呢？比如，去关注一个在城里找工作的女孩走烂了一双鞋子，去描述一个小木匠与师傅的冲突，去表达一个残疾女孩的心灵手巧和内心孤独，去讲述一个男孩与他的牛之间的故事……我的表达为什么总是与孩子的成长有关，为什么乐此不疲一写就写了十多年了呢？

编这本书的过程，有点像翻阅自己的日记。我没有写日记的习惯，而是把自己的一些感受写进这些以少年或儿童作为主人公的小说里了。当我向自己提出问题的时候，另一个自己站出来告诉我：写出这样一些文字和故事来，是可以从你的生命源头和心灵源头找到原因的。

我生长在山村，我穿过很烂的鞋子，我熟悉村子里来来去去的匠人，我放过牛。但是我小时候没有读过小说和童话。到了大学毕业，刚走进社会，心里惶惑起来的时候，就去找一些书来读，以缓解青春期的焦虑。这样就从图书馆借到了以前从来没读过的儿童文学作品，那些奇妙的文字唤醒了我对于自己童年生活的发现和感悟，唤起了我对童心世界的认识和感动，从而开始了一种美好的尝试，就是把童年的乡村生活体验写下来。因此，我的观察视角和文学表达，总是与乡村生活相关，总是与童年生活和生命成长有关。

阅读和尝试写作儿童文学，我发现了自己的童年生活里有许多美好的东西，有许多让我自己感动的人和事。同时，也让我发现和养成了一种观察世界的眼光，并用这种眼光去观察现实中的少年儿童的成长景象。我的童年生活已经被留存在故乡的山村里了，但现在仍然在那块土地上成长着的孩子，或者流浪到城市里的乡村儿童，他们的生活和心灵深处，也有着新鲜或美好的东西，有许多让我为之感动的人和事。

我相信，对成长的关注就是对未来的关注，对乡村孩子成长的关注同样如此。这样的关注缺乏畅销书所要的神秘、悬念、恐怖、热闹、幽默等必备的元素，但我坚定地相信，这样朴素的关注是重要的。我的儿童文学创作是业余的，但这种关注已经进入到我的工作中，进入到我主持的刊物里。

社会在飞速发展，科技在不断创新。我相信，不管生活怎样变化着，不管成长的环境如何不一样，生命成长中一些本质的东西总是相同的，那些深入心灵的体验总是相通的，这是身处不同时空的人们得以实现交流和沟通的基础。而且，人类在享受现代文明的时候，总会回望自己生命成长的摇篮。这个摇篮就是大自然和童年。儿童文学是人类成长的摇篮里盛开的花朵。我因为自己的爱好和工作，如此密切地亲近着儿童、亲近着儿童文学而心生感激。

文学本来就是人类用来认识自己、发现自己的一面奇妙的镜子。透过儿童文学的镜子，这个世界和人类自己，有着更为美好的自我发现。我从儿童文学这面镜子里发现了自己和这个世界，我感到非常新奇有趣。

（2005 年 12 月 24 日在湖南省第五届青年作家文学创作会议上的发言）

故事的根扎在乡土之中

我的家乡绥宁，偏居遥远的湘西南山地，近年来似乎越来越受到外部世界的好奇关注了。最明显的一个热闹事件，就是芒果台的热播娱乐节目《爸爸去哪儿》第三季将拍摄现场放在关峡大园，那个曾经进入电影《那山　那人　那狗》片头的古朴村庄。

我对这个事件是十分关注的，守在电视机前，要看那几对明星父子、父女究竟会在大园村演绎出一些什么故事，结果是大失所望。他们所做的游戏与绥宁村庄几乎毫无关系，诸如吹气球比赛、遇到观世音菩萨之类的事情，那是随便在什么地方都可以玩的，而且显得生硬做作，无趣乏味。然而航拍的山野乡村景色，尽管只是偶尔一闪而过，却让我的心为之一动。那新奇的角度所展示出来的亲切山乡景象，让我回想起那片土地上许多有趣的童年游戏，比如踩高脚板、打弹弓、玩竹蜻蜓、赶公牛斗架、荡秋千比赛，还有抓泥鳅、捉迷藏、玩泥巴、摘野果……哪一种都比电视节目里所呈现的游戏要有趣得多。电视节目策划人对绥宁乡土文化不了解，甚至缺乏了解的热情和兴趣，他们设计的那些游戏与绥宁乡村生活、民情风俗毫不搭调，是不奇怪的。电视娱乐节目作为一种快餐文化，画面在屏幕上一闪而过，期望节目策划人沉下心来面对绥宁的历史和民俗，这是一种过高的要求。他们要的只是热闹的气氛和表面的符号，所以镜头一扫，立即转移到下一个拍摄地去了。

不过镜头对准山野扫过，绥宁得到更多关注。这种宣传效果，确实是电视媒体的优势。

这次《爸爸去哪儿》在绥宁拍摄的电视节目，引发了我的一些回顾和思考。

我们绥宁有着辽阔美丽的山野，居住着十多个民族的同胞，有着多姿多彩的民间文化。我的文学创作深受家乡湘西南地域文化的影响。我的大多数短篇儿童小说，以及长篇小说《像风一样奔跑》《溪头的读书声》《蓼花鼎罐》《牛说话》等作品，都是以湘西南山区为背景，抒写乡村童年成长的生命情景。评论家龚旭东先生说，我的儿童小说故事的根扎在乡土之中，作品不用特定的风俗来显示地方特色，却有着显著的乡村特点。因为我是在山野里长大的，成长的过程就是被山风吹着、山雨淋着、山月照着……我想，除了他说到的成长因素，我还有另一种经历——现在看起来极宝贵的一段经历。

我在绥宁二中工作期间，于1986—1989年在北京师范大学中文系本科函授班参加学习，每年寒暑假到怀化师专去接受培训。我印象极为深刻的是，北师大的教授们都是坐着长途火车，不辞辛劳地到怀化函授点来讲课，教学态度极其认真。陈子艾教授是钟敬文先生的学生，她为我们讲授《民间文学》课程，给予了我观察家乡的另一个视角。那时候，我听说县文联正在编辑民间文艺三套集成，我的朋友隆振彪、陶永喜负责这项工作，我也加入到搜集民歌、儿歌和民间故事的队伍里。由于没有采访经验，起初还不敢找陌生人采集，就回老家去请我的父亲和母亲回忆他们小时候唱过的歌谣。

我的父母亲给我讲了一串接龙歌谣——

对门山上什么叫？

麻拐（南方方言，常指蛙类）叫。

麻拐为什么叫？

麻拐嘴宽。

竹箕嘴宽为什么不叫？

竹箕是竹子做的。

笛子是竹子做的为什么会叫？

笛子是有眼的。

竹筛有眼为什么不叫？

竹筛有边框。

铜锣有边框为什么会叫？

……

这一问一答的形式，展示乡村生活的知识和趣味。它是可以无限地延伸下去的，形式简单而充满情趣。

我当时也向武阳当地的老人打听民间故事，比如莫瞎子的智慧故事，耕牛不用绳子牵的来历。

我到长沙工作以后，每次开始一个比较大的写作计划时，总是情不自禁想回到绥宁家乡去行走，去与我的朋友陶永喜、陶永灿一起走山路，一路呼吸山风。我的长篇小说《蓼花鼎罐》的写作就是这样。

《蓼花鼎罐》一书的封面上有一个鼎罐，那是我小的时候，我家里用来做饭的炊具，它能煮一升米。这是我母亲的一件嫁妆，是外婆给她的礼物。我喜欢这个给了我美好食物的炊具，很想把它写成一个作品。我一直不知道它从何而来，母亲说是武阳镇生产的。后来在武阳上高中，大学毕业了又回到母校教书。我一直在打听，武阳还生产鼎罐吗？没有了，以前生产鼎罐的地方在哪里也不知道，这对于我来说成了一个问题，一个谜团。2009 年，我在暑假里回到绥宁，肖冰兄开车，带着我和陶永喜、陶永灿、肖晰明前往枫木团乡净溪村，寻找当年的鼎罐匠人，幸运地找到了已经88岁高龄的杨宗红师傅，由此了解到了武阳鼎罐的生产工艺和有关情况。这一独特的生活用品的生产，联系着丰富的社会背景和文化信息。我在寻找鼎罐生产地的过程中，慢慢形成了作品的构思。作品出版后，受到了好评，《文艺报》《出版人》《中华图书商报》等媒体发表了多篇评论，这本书入选国家新闻出版广电总局第四届“三个一百”原创图书出版工程，获得第五届中华优秀出版物奖。我体会到，回到家乡，走进村庄和山野，去了解、走访、调查，是极有意思的一个过程，是对乡土重新观察、感悟、发现的一个过程。

我创作儿童小说时，写到的一些场景、人物、细节，往往从自己的童年记忆和体验里跳出。有时我会模糊它的背景，把它变一变。我从自己的童年生活中去寻找小说故事的资源，这个问题曾经困扰过我，由刘绪源老师给予了解答。第九届全国优秀儿童文学奖评出来的时候，我的长篇儿童小说《像风一样奔跑》获奖了。著名文学评论家刘绪源老师写了一篇对获奖作品的评论，专门有一段谈到《像风一样奔跑》，说作品写作者经历过的童年，但不是“写回忆”，而是“写生活”。还特别肯定了作品的地域特色。我反复地琢磨他的观点，思考怎样由回忆引出生活，或者由生活变为文学，我觉得这值得深入思考。我们经历过的童年生活，是我们文学创作的资源，我们怎样把它变为创作的资源，这里有一个艺术化的过程，是需要我们去琢磨的。其中，发掘日常生活中的民间文化资源，是让生活升华为文学的重要方式。

近年来，我欣喜地看到一批人的身影，比我更深入地走进绥宁的历史和文化中摸索、研讨和创作。他们就是自称为“绥宁七闲人”的唐国瑚、陶永喜、杨进汉、苏新红、肖晰明、陶永灿、向先忠等几位生活在县城长铺镇的朋友。他们利用工作余暇，行走在绥宁山地与河边，走进村庄和群众之中，搜集民间文化的珍藏与遗存，陆续整理、创作、出版了一套系列丛书，包括《古镇寨市》《生态黄桑》《天下大园》《沧桑古道》《人文李熙》《日出东山》共六种，图文互动，囊括了绥宁重要的历史文献与民间文化资料。他们发掘、整理家乡民间文化的工作精神和可喜成绩，让我对他们深怀敬意。

表述眼睛运动的词

出差途中的一个星期天，我去一所中学看望在那里任教的一位朋友。见了面，我的朋友高兴地说：“你来得正好，我正要去给文学社讲课，这堂课就交给你了。”

“匆匆忙忙的，我哪里想得起讲什么？”我为难地说。

“这对你有什么为难的？”这位老兄为了赶我上讲台，装出对我充满了信心的样子。

看来是非上讲台不可的了。讲什么呢？看着这位老兄为临时抓到一个替他讲课的角色笑眯了眼，我灵机一动，嘿，有讲课的内容了。

很多年没上过课了，我走上讲台，感到很亲切。

我对课堂里的学生说：“你们的老师临时抓我来讲这堂课，看到大家好奇地注视着我，我就讲一讲与眼睛有关的词——”

我在黑板上写了“表述眼睛运动的词”一行字。

讲台下活跃起来，有的人低头轻声地交谈，有的眼对着眼交换眼神。

书里的精灵

成长的力量在闪光

一个男孩的声音响起来："查一查字典不就知道了！"

"非常聪明！"我说，"请每个人说一个表述眼睛运动的动词，同时要用你的眼睛表演一下词义的动作，好不好？"

那位率先发言的男孩讲了一个"盼"字，接着就演示出"盼"的表情，惹得大家哈哈大笑。

接下来，同学们找出了一系列带"目"字偏旁的动词：眄、瞧、眯、瞄、瞅、瞠、瞰、瞪、瞩、瞟、眺、相、眨、盯、睥睨……大家一边找出字来，一边表演动作，气氛热烈。

我说："还有些表述眼睛运动的词，是不带'目'字偏旁的，也请大家找出来，表演出来。"

同学们七嘴八舌地议论着，很快找出一大串：观、视、望、瞻仰、观察、阅读、欣赏、暗送秋波、凝视、注视、蔑视、回眸……

我说："在上面找出来的这些词里，你选出自己最喜欢的一个词来并说说喜欢的理由，好不好？"

一个男生说："我喜欢'俯瞰'，有一种居高临下的优越感，视野很开阔。"

一个女生说："我喜欢'欣赏'这个词，欣赏什么东西，感觉总是特别棒的。"

另一个女生说："我喜欢'盼望'，盼望中得到的东西让人感到很快乐。"

另一个男生说："我喜欢'仰望'，值得仰望的人和事物，一定是难得一见的。"

有个男孩子站起来大声说："老师，说说你喜欢哪个词吧。"

我说："我喜欢'观察'这个词。一个观察中的人，带有旁观者清的超脱，带有局外人的理性，常常会有意想不到的发现，就像现在我在观察大家的表现。"

有关表述眼睛运动的词，已经找得差不多了。

我说："这本来是一堂文学课，却被我讲成了一堂游戏课，一堂聊天的课。不知道大家从中听到了什么。"

一位眼睛很亮的女生说："老师，这确实是一堂文学课。我从中了解到汉语的词汇是丰富多彩的。表述眼睛运动的词就有这么多，在写作中要找准那个最恰当的词，是很重要的。因为文学的语言讲究准确、生动、传神。"

"说得很好，很精彩！"我说，"那么，我们沿着文学的思路往前走下去，大家是不是可以找一些文学名作中描写眼睛的片断来体会体会？"

同学们立即活跃起来，举出了鲁迅先生笔下关于人物眼睛的精彩描绘，找出了巴尔扎克描写守财奴盯着金子的文字片断……

我说："字典里的词都是死的，但到了作家的笔下，那些词就动起来了，活起来了。我们要学习在句子中理解这些词，多联系语言环境来学习词的用法。”

等大家静下来，我接着说：“其实，这堂课也可以看作是一堂与文化有关的课。作家韩少功在他的长篇小说《马桥词典》里写到一个情节：在作品描绘的那个年代里，马桥那个地方很闭塞，很落后，那里的人们对一切好的东西都用一个词来形容。比如，酒好喝，饭好吃，肉好呷，都说‘甜死了’；某个人会说好听的话，是‘嘴巴甜’；一户人的日子过得好，说他们过的是‘甜日子’。总之，好的就是‘甜’的。词汇的贫乏，恰恰反映了那个地方物质和文化的贫乏。社会学家往往从一些词、一些语言的符号入手，去探测一个地方的文化秘密。”

“现在出现了很多新的词，如电脑用语、体育用语，还有不少外来词，纷纷变成生活中的词语。这是不是说明，现在的物质和文化发展得快？”一个高个子女生发问。

“你说得一点也不错。因为语言是对社会生活的反映和描述，总是伴随着生活的变化而不断地发展。被誉为‘德国良心’的作家海因里希·伯尔说过一句话，‘每一个词的后面都有一个世界。’”我说，“如果大家有兴趣的话，可以从新生词的角度入手，去调查一下社会变化的情况，去了解一下那些词背后的世界。”

最后，我说：“其实，我们这堂好玩的游戏课，可以不是一堂文学课，也可以不是一堂文化课，倒应该看作是一堂学习方法课。”

讲台下又响起轻轻的交谈声。

“实际上，‘表述眼睛运动的词’，这只是我临时找到的一个谈话的切入点。”我说，“在学习上，有的同学总是最善于找到好的切入点。举例来说，既然我们可以通过‘表述眼睛运动的词’来集合许多有关的词和相关的知识内容，那么，通过‘历史上的改革运动’，或者‘历史上以少胜多的战争’这样的切入点，就可以集合许多历史事件，把它们联系起来，加以比较、归纳、总结，就会有许多新的感受和发现，能够学得更深入，更有趣味。用这样一种方法，语文、英语、数理化，各门功课都可以找出很多有趣的切入点，学习起来就好玩了，有意思了，有趣味了。大家说对不对？这是一种玩游戏的学习法。”

同学们愉快地笑了起来，仿佛有了一些会意。

对一个词的感悟和运用

同学们好。这个讲座活动，我叫作“《小学生导刊》公益讲座”。我为什么要主动走进第一师范小教大专班，开辟这个讲座呢？因为你们作为农村免费师范生，毕业后要回到农村小学去做孩子们的老师。

我在农村学校待过8年，知道一个年轻人很容易被环境同化。我们往往比较难以超越环境的惯性，眼光容易被琐碎的事情遮住。我带着这样的希望来做讲座，希望你们到了农村学校，能够带给孩子们新鲜的、生动的、美好的东西，要做到这一点就要不断学习，就要开阔眼界，就要有好的观念。这正是“《小学生导刊》公益讲座”想告诉你们的。

这个活动得到了小教大专部领导的重视，也得到了很多热心人的支持，比如皮朝晖、汤素兰、龚旭东等老师，都自告奋勇要来做公益讲座。

现在我开始讲第一堂课。我想从一个词开始，讲的内容是我对一个词的感知和运用。

大家都有自己特别有感觉的词，这些词的背后一定有特别的故事。

你最喜欢的或喜欢使用的一个动词是什么？为什么喜欢？请说说自己的感觉和理由。

我特别有感觉的那个词，与一个人有关。我想请大家认识这个人。

下面我给出这个人的资料，请大家猜出他的名字——

1. 他是男的，出生在北京协和医院。

2. 他从出生到高中毕业，生活在北京、武汉、重庆和南京。

3. 他 7 岁时掉到水里淹得半死，17 岁以高中生身份参加武汉市游泳比赛，获得汉口赛区男子 100 米和 400 米自由泳两个第一名，接着，又夺得湖北省男子自由泳第二名。

4. 他是新中国第一代大学生。

5. 大学毕业后，他做了老师。

6. 他在湘西雪峰山深处的一所农校做过 19 年的老师。

7. 他是一个游泳健将，还是一个英语优势者，是一个精神自由主义者，是一个专注于目标的人，是一个永不满足的探索者。

8. 他曾经是个城里孩子，工作后一直把田野作为工作舞台。

9. 他被世界农业科技界称为“杂交水稻之父”。

10. 他于2006年被美国国家科学院聘为外籍院士。

大家已经猜出来了，这个人就是袁隆平院士。他把一个美妙的词——“发现”——作为美好的礼物，送给了我。

关于“发现”，我写过一段感悟文字。我想请一位普通话讲得好的同学来朗读——

“发现”首先是一个动词！它站在很多很多的动词之上，甚至是站在所有的动词之上。就像一只鹰站在高大的树上，站在屋顶上，站在悬崖上，站在屹立的山峰上。

这众多的动词不胜枚举。诸如观察、寻找、尝试、探索、实验、推测、思考……几乎所有的动词，它们共有一个指向，它们所能达到的心灵成果，就是发现。

把那些动词想象成一只动物、一个人或者一阵风，它们总是朝着不同的方向运动。但在某一个奇妙的时刻，它们将抵达“发现”的领地。

我们全部的生活是由动词串连而成。这些动词给我们带来的最美好的礼物，就是这一个站在更高处的词——发现。

就像站在所有制高点的鹰，它们的头顶之上天空辽阔，流云漫卷。站在所有动词之上的“发现”，它的更高处同样云天高远，星辰闪耀。当“发现”完成了作为动词的使命而变为名词，那些赏心悦目的景象便呈现出来，给我们心灵的惊喜。

一个人有所发现，是行动的结果，探索的结果，思考的结果，感悟的结果，体验的结果。

下面我们运用“发现”这个词，来做一个美好的尝试。

我们拿来一种材料，这种材料有以下特点，我给出条件，请你们猜出来——

1. 它看不见，摸不着。

2. 每个人都离不开它。

3. 每个人随身带着它。

4. 它从我们每个人的身体里生长出来。

5. 它能进入我们的身体。

6. 它能让人高兴，也让人变得不高兴。

7. 它让我们与他人进行沟通。

8. 它在你的大脑里产生，从你嘴里说出来，从你的耳朵里感知到。

这种特别的材料就是——语言。

我提一个问题：语言作为一种材料，我们能够用它做什么？

同学们的答案可谓多姿多彩，太好了。

在这里，我们重点要关注语言这种材料创造出来的一种奇妙的东西，这就是文学。这里我要与同学们分享的是——发现儿童文学。

我再提一个问题：儿童文学里有什么？

我们一起去发现。

儿童文学里有儿童观念的演变与进步。

中国长期缺乏儿童文学，因为中国长期缺乏对儿童的发现。

发现儿童——这一观念的觉醒，照亮了童年。它发端于法国启蒙思想家卢梭的《爱弥儿》，这本书于1762年出版。在这本书里，卢梭宣称自己“发现”了儿童。他主张“在人生的秩序中，儿童有它的地位”。他说：“应该把成人看作成人，把孩子看作孩子。”

发现儿童，是创作儿童文学的前提。进入19世纪，安徒生童话的出现，标志着作家自觉创作儿童文学的时代到来了。

儿童观的进步，让成人重视儿童的存在。如果你学过了儿童文学史，会看到儿童的形象一直在发生巨大的变化。儿童从受保护的角色到自主独立的角色（淘气包、长袜子皮皮、王葆、皮皮鲁），儿童从不被社会重视到儿童权益立法……

每个人都应当有一个发现儿童的心理体验过程。你看到了，并不等于你已经观察了；你观察了，并不等于你已经了解了；你了解了，并不等于你理解了；你理解了，并不等于你发现了……你必须去观察、寻找、尝试、探索、实验、推测、思考……最终有所发现。

儿童文学里还有哪些重要的东西呢？

朱自强先生在《中国儿童文学的困境和出路》中有一段精辟论述："儿童文学是大巧若拙，举重若轻的艺术。……中国社会的不成熟的重要表现之一，是没有学会向儿童学习，没有通过思考'儿童'来获取富于生气与活力的思想资源。"

我给出一些提示，举出一些代表作品，请同学们一起去阅读、去领悟、去发现——

儿童文学里有文学。优秀的儿童文学作品，是审美的、诗意的、形象的、充满情趣的，如《小王子》《草房子》。

儿童文学有爱，如《爱的教育》《爱的童话》《亮晶晶》《少年小树之歌》。

儿童文学里有真善美，如《皇帝的新装》《夏洛的网》《碎瓷片》《像风一样奔跑》。

儿童文学里有智慧，如《汤姆·索亚历险记》《爷爷一定有办法》。

儿童文学里有奇妙的想象，如《人鸦》《铁道银河之夜》。

儿童文学里有童趣、幽默，如《淘气包埃米尔》《阁楼上的光》《笨狼的故事》《面包狼》。

儿童文学里有勇气，如《鬼磨坊》《数星星》《弹子袋》《有你我不怕》《牛角洲旅店》。

儿童文学里有探索，如《森林报》《达尼尔在行动》。

儿童文学里有希望，如《我的宠物是恐龙》《我是大卫》。

请大家注意，这里举出作品来说明，是为了讲述的方便。实际上，一部优秀的儿童文学作品，往往兼具多种精神元素和审美价值。它有很强的文学性，也是有爱、有智慧的，或许还是幽默有趣的。优秀作品的艺术性和思想内容，往往是很丰富的，是多元的，就像是一个熟透的苹果，那么美，那么香，而吃起来，味道也特别棒，营养也很好。

接下来我提一个问题：我们为什么要关注儿童文学、发现儿童文学？

我想，阅读优秀的儿童文学作品，能够帮助我们保持好奇心，这样就不那么容易被环境同化。你以后工作的学校也许会被群山环抱，但若你有着阅读和关注儿童文学的兴趣和习惯，你有强烈的好奇心和探索的欲望，你就不会那么容易被群山遮住瞭望世界的眼光。

阅读优秀的儿童文学作品，你会更加了解学生、贴近学生。这是一个优秀教师必须具备的素质。朱自强教授认为，儿童文学是一种世界观，成人阅读儿童作品，将获得这种美好的世界观。他说："我认为儿童文学是解放儿童的文学。这种朴素的东西很有味道，它朴素，但是不苍白。"优秀的儿童文学在教师与学生之间能搭起一座美好的桥梁。

优秀的儿童文学作品，本身就是重要的教育资源。儿童文学是自然、朴素的，也是单纯的艺术。教师要善于运用这一重要的美好资源，进行教育和教学活动。

我坚信，有世界一流的、精彩又美好的儿童文学作品相伴，当你们成为乡村教师，你所拥有的教学资源和心灵力量会不一样。

在这里，我提醒同学们，要重视阅读原著，要用发现的眼光去阅读。欢迎大家关注《小学生导刊》，希望同学们重视儿童文学阅读，我们将在以后的交流中提供更多可资借鉴的阅读建议、创意和做法。

（2010 年 4 月 28 日在湖南第一师范学院的讲座）

破茧而出的飞翔

——对人生与文学的一种观察

我今天讲的内容有一个题目，还有一个副标题。

先讲副标题里“观察”这个词，这是我喜欢的一个词。记得《瓦尔登湖》的作者梭罗自称是“大自然的风雨和风雪的观察者”，《细胞生命的礼赞》一书的作者刘易斯·托马斯说自己是一个“生物学的观察者”。我喜欢他们的著作，也就喜欢“观察者”的角色。

我们把“看”“观察”“研究”三个动词放在一起做个比较，它们是层递上升的。我们中文系同学的文学阅读，不能只是“看”，还要有所“观察”，有所“研究”。“观察”的目的，是要有所思考、有所感悟和有所发现。

题目里有两个关键词，得先明白它们的含义。“茧”在这里的意思，就是局囿，是束缚。“飞翔”在这里是指创造体验和心灵自由。

每个人都处于外在与内在的各种束缚之中，每个人一辈子都在努力实现自己身心的自由。爱默生说：“人生唯一有价值的，是有活力的灵魂。”你们在中学课文里学过裴多菲的诗句：“若为自由故，二者皆可抛。”自由比生命和爱情还要宝贵。每个人都在努力实现“破茧而出的飞翔”，文学创作是作家实现“破茧而出的飞翔”的方式。

我们举几个重要的作家为例，来谈这个话题。

首先看鲁迅先生，他是如何“破茧而出”的。我们来看看他的“茧”是什么。我想至少有三个方面，一是他出生在贫弱的中国，二是他生长在破败的家庭，三是他所受到的旧教育，这是精神桎梏，我们在他的《从百草园到三味书屋》里有具体感受。那么他的“飞翔”是如何表现的呢？他于1902年考取公费留学，在日本留学五年，先学医，后改文学。1918年发表中国文学史上第一篇白话小说《狂人日记》。他的文学成就和思想纪录，囊括在《鲁迅全集》中。

一个人要实现“破茧飞翔”，是需要动力的，观察这个人的动力很重要。

鲁迅先生“破茧飞翔”的动力是什么？我想有三个方面，一是觉醒，二是探索，三是选择。鲁迅先生推崇屈原的名言：“路漫漫其修远兮，吾将上下而求索。”他的探索与思考，始终与寻找民族和国家的出路紧密联系在一起，表现为"我以我血荐轩辕"。他由学医到从文，这是人生道路的选择。他一辈子从未停止过探索与思考。

再看沈从文先生。他是我们湖南凤凰人。

沈从文先生的"茧"可谓厚重无比，比如，他生长在边远山区，只有五年学历，到北京后极度贫困，不能进入大学深造。他在寒冷的冬天里，躲在会馆里，裹着被单练习写作。郁达夫先生接到他的投稿去看望他，看到他又冷又饿，就请他吃了饭。郁达夫先生还写了著名的《给一个文学青年的公开状》。沈从文先生就是这么一个"乡下人"，十年后成为文坛引人注目的新秀，后来写出《边城》《从文自传》《长河》《湘行散记》《中国古代服饰研究》，飞上了让后人仰视的文学和文化的高度。

沈从文先生"破茧飞翔"的动力是什么？是用他"乡下人"坚忍不拔的精神坚持自学。他说："这世界或有在沙基或水面上建造崇楼杰阁的人，那可不是我，我只想造希腊小庙……这庙供奉的是'人性'。"这是他独特的艺术理想。他崇尚"美在生命"，通过描写湘西人们原始、自然的生命形式，赞美人性美。这是他独特的艺术选择。20世纪50年代，徐城北这样写当时的沈从文："他的内心深处经常是痛苦的，所以他特别能理解他人的痛苦。"那时他已经不写小说了，却对晚辈青年徐城北说："你喜欢文学，当然好；但不能光图文字漂亮，首先要朴素，朴素了才准确……"

汤素兰老师给大家专门讲过安徒生，我们也来看看安徒生的"茧"是什么，他的"飞翔"是什么。

安徒生的"茧"表现在，他出身低微、贫困，成长在社会最底层，14 岁时独自去哥本哈根"撞运气"，可是屡屡碰壁。他到皇家剧院展现自己的"表演天赋"，结果碰了一鼻子灰。他为生计所迫，背着箱子挨家挨户要求表演玩偶剧，只要人家提供一顿饭。这样一个混进城里的外乡流浪者，童话在他的生命里飞翔起来，他也在童话里飞翔起来。他一生写作了 168 篇童话，代表作有《小意达的花儿》《海的女儿》《野天鹅》《丑小鸭》《卖火柴的小女孩》等，还有几千幅铅笔画、钢笔画、剪纸作品、拼贴画和墨迹图形。

安徒生"破茧飞翔"的动力是什么？他说："我用我的一切感情和思想来写童话。"他勤奋写作，身心投入。他一辈子都没成家，在流浪途中遍访欧洲著名的作家和艺术家，广泛地吸收精神营养，每年圣诞节出一部给孩子们的童话集。童话是他的文本选择，这也是很重要的。

前面我们讲了大家比较了解的三位重要作家。他们的人生和心灵，都是从外在和内在的巨大束缚之中挣脱出来，飞跃到了不起的高度。

现在我们来归纳一下：是什么创造了“破茧飞翔”“化蛹为蝶”的生命奇迹？我想主要有三个方面，一是心灵觉醒；二是观念选择；三是行动力量。一个人要凭借这三个因素，才能创造“破茧飞翔”的奇迹。

我觉得，每一个人，我们每一个在座的同学，都要自觉地思考和追问：你的“茧”是什么？你将如何突破？你的飞翔方向在哪里？你能飞得多高多远？我要给予大家的，就是这么几个问号。这需要大家用很长的时间来给出具体的答案。

这堂课的内容似乎已经讲完了，可以结束了。可是，我现在站立的这个讲台，是一个不同寻常的讲台，全国也就那么可数的几个。比如，浙江师大有一个，那是中国比较早地进行儿童文学研究的地方，你们的汤老师就是在那里读的研究生。上海师大有一个，梅子涵教授在那里讲课。北师大有王泉根教授，中国海洋大学有朱自强教授，北京大学有曹文轩教授，他们都在各自的讲台上讲儿童文学。然后就是这个讲台了，是汤素兰教授的儿童文学讲台。现在我站到这个讲台上，还是要突出地来讲儿童文学。

为什么要如此重视地讲儿童文学？可以说，真正优秀的儿童文学，是文学中的文学。

我想尝试一下，和同学们重点观察一位儿童文学作家，观察这位作家的生命成长、艺术创造、心灵飞翔。我希望这位作家是大家比较熟悉的，你们希望我讲哪位作家？

（学生大声说：汤素兰！汤素兰！汤素兰！）

好的，我们就来讲你们的汤素兰老师。等她从北京开会回来，你们已经把她的成长和作品都搞得清清楚楚的。好不好？

我们来看汤素兰的“茧”是什么。我观察的结果有三个方面。一是她的成长经历。她在16岁之前，生活在偏僻的山村。今年秋天，我们几个儿童文学的朋友一起去过她的老家，可以说是大吃一惊，因为汤老师给人的印象，历来是蛮都市化的，可是她的老家那个地方确实是山里头。她的弟弟说，汤老师以前抓鱼很厉害，捉泥鳅很厉害，挑担子也蛮厉害的，各种农活都干过。你们的汤老师原来是个农村女孩，这在中国就是一个很厚的“茧”，困住了许许多多的人。二是她的女性身份。她曾经在1991年第6期《芙蓉》杂志发表过中篇小说《黑色山峦》，这可以说是汤素兰文学创作的黑色背景。这篇先锋派写法的小说，表达了她对女性命运的思考，写得非常沉重。在乡村里成长，而且身为女性，要飞翔起来有多么艰难，这是我们能够想象的。三是她所接受的传统文化，这是营养，也是束缚。

汤素兰是凭着童话创作来实现“飞翔”的。她由小说创作转向写作童话，这一文体的选择，表现出了选择的智慧。这对于她整个人生的发展都很重要。她出版有“笨狼的故事”系列、“小朵朵”系列童话、《阁楼精灵》等40多部童书，囊括全国重要的儿童文学奖项。她说：“童话是我唱给天地万物的心曲。”这可以看出汤素兰的童话观念和创作信心。

这里，我们具体讲一讲她创造的一个童话形象和她的一个短篇童话。

汤素兰儿童文学创作里，最重要的童话形象就是笨狼。

她创作的这一形象的作品，曾经在我主持的《小学生导刊》杂志上做过几年的连载，当时就很受小读者的欢迎。《笨狼的故事》出版成书后，很多学校的孩子们把童话改成童话剧进行表演。可以说，笨狼成了一个童话明星。

笨狼这一形象的特点，就是好奇、稚气、热情、执着、善良，憨态可掬。

英国作家福斯特在《小说面面观》一书里，提出“圆形人物”和“扁形人物”的概念。圆形人物是指文学作品中具有复杂性格特征的人物，性格有形成与发展的过程。而扁形人物是指文学作品中性格特征突出而单一的人物，性格没有形成与发展的过程。传统口耳相传的民间文学里，与民间文学有直接渊源的文学作品里，多是“扁形人物”。这类人物从一出场，性格特征就比较明显和稳定，比如《三国演义》中的诸葛亮，《西游记》里的孙悟空，《水浒传》里的鲁智深，等等。中国的小说到了《红楼梦》，在人物塑造上有了飞跃，比如贾宝玉的性格是有发展变化的，是不断丰富和丰满的。

“扁形人物”的艺术特征，体现为单一性、稳定性、和谐性。儿童的思维方式和接受能力，比较容易接受这类人物。所以童话里的人物多为“扁形人物”。笨狼就是一个“扁形人物”形象。笨狼在作品里有情绪的起伏变化，推动着情节的发展，但主要不是性格的变化发展。

陈恩黎博士在《汤素兰儿童文学创作论》里谈到笨狼这一形象时说：“童话中憨态可掬的狼的形象有一种出人意料的喜剧效果，有着稚气而又智慧的个性化叙述，洋溢着明朗、智慧、大巧若拙的气质。”

评论家孙建江在《经典意识与经典努力》里，指认了笨狼形象的精神价值。他说：“作品展示给读者的，是幽默的渗透与熏陶。幽默已不仅是手段，同时也是目的。……（这一形象）追求人类共通的东西，强调感动人，感染人。”

中国的文学传统，历来讲究“文以载道”。但是，我们从刚才听过的《把尾巴晾起来》《茶杯里的树》这类关于笨狼的故事里，只感受到浓浓的儿童情趣，传统的教育意义被消解了。作品里的这种情趣，孙建江的说法是“幽默”。“幽默”是什么？林语堂说：“幽默是心灵舒展的花朵。”马克·吐温说：“幽默是一个人听了以后要回想一下才会笑。”笨狼这一形象串起许多生动有趣的故事，已经不是“有意义”的故事，而是“有意思”的故事。这是特别值得注意的。

我认为，把笨狼这一童话形象放在中国儿童文学发展史上看，一个突出的贡献就是淡化教育目的，强化审美情趣，强化形象的生动和童趣，突出了童话的审美价值。

汤素兰的短篇童话《驴家族》这篇作品只有四千来字。

我们讲解这个作品之前，先来了解美国作家纳博科夫在他的《文学讲稿》这本书里提出的一种观点。他认为，作为一个成功的作家，要身兼三种角色。一是讲故事的人，也就是讲述故事；二是教育家，也就是感动心灵，引发思考；三是魔法师，通过隐喻、象征、讽喻、变形等艺术魔法，拓展小说艺术的各种可能性。

有些作家只达到前面的一种或两种境界，而真正能够兼具三种角色的作家，可以说是作家中的作家。

如果我们要用一个词来概括《驴家族》的内容，你们会选择哪一个词？对，就是“爱”这个词！这是一篇关于爱的童话。陈恩黎博士分析说，它“悬念陡起，一唱三叹的故事是为了表达爱的沉重，让读者体悟到人类情感世界的无限丰富性”，“荒诞的背后蕴藏着耐人寻味的真实与深刻”。

这篇作品用荒诞的情节来表达悲壮的善良与沉重的亲情和爱，给读者带来震撼的阅读体验，产生了陌生化的审美效果。它的一个重要的艺术特征就是变形，这就是汤素兰用的一个魔法。诗人艾略特说：“爱是一种折磨。”诗人彭燕郊说：“美是有毒的。”如果我们能够理解诗人所表达的独特经验，那么，我们就能更深入地理解《驴家族》中荒诞的情节所表达的情感内涵。这是一篇具有“魔法师”品质的作品。所以我说，《驴家族》是汤素兰童话中的童话。

从笨狼的形象到《驴家族》，我们可以看到汤素兰童话艺术的一些基本特色。她有自己的“烹调术”，其中重要的作料，一是幽默，二是优美，结果就是让她的童话变得有趣，悠远。她有自己的“隐身衣”，自身乡村成长的生活经验，在现代童话审美理念的聚光灯下，焕然一新。她的审美趣味，显然是都市化的趣味，所以她的童话作品非常容易被现代城市儿童所接受。汤素兰还有她的“魔法棒”，那就是想象力、爱与美，这个魔法棒提升着作品的艺术品质。

我们在阅读与观察中，看到汤素兰童话“飞翔”的三种姿态。这当然是一种比喻。一是云朵的飞翔——她的经典阅读与经典追求。她是在读完儿童文学研究生之后开始童话创作的，有着大量地阅读世界经典童话的基础，善于从世界优秀童话中吸收营养，融合到自己的创作中，始终有着较强的经典意识。就像云朵从大地吸收水气，而又降下雨滴。雨滴也是可以找到源头的，汤素兰的童话雨滴的源头，是世界经典童话的营养。二是鸟儿的飞翔——她的语言表达与审美追求。汤素兰的语言风格是灵动的，清新的，充满诗意，自然生动。我们用鸟儿的飞翔来打比方。三是精灵的飞翔——她的自由表达与心灵魔法。这是一种更为自由而博大的境界，《驴家族》已经彰显了这种可能性。

在这里，我要引用米兰·昆德拉的一句话，来谈论童话阅读的永恒价值。米兰·昆德拉在谈到欧洲人对于《旧约全书》的阅读时这样说："一首牧歌就是留在我们心中的一幅图景，像是对天堂的回忆。"我们没有《旧约全书》，但是我们已经拥有了童话，我们要把真正的优秀童话传递给孩子们，让他们的心中有一幅天堂般的图景。

回到我今天讲的题目"破茧而出的飞翔"上来。"破茧飞翔""化蛹为蝶"，对于每一个人来说，这是多么重要，也是多么艰难，同时也非常美好。年轻人不要畏惧艰难，要努力实现"破茧飞翔"的目标。俄罗斯"科学之父"罗蒙洛索夫的一段话可以给我们力量。罗蒙洛索夫在《关于热和冷的原因之探索》一文中写道："我们摩擦冻僵了的双手，手便暖起来；我们敲击冰冷的石块，石块能发出火光；我们用锤子不断地锤击铁块，铁块也可以热到发红。”

美妙的创造体验和精神的飞翔体验，属于不怕“敲击”、不怕“锤击”的人，属于“破茧而出”的人！

祝福同学们行动起来，优秀起来，飞翔起来……

（2008 年 12 月 8 日在湖南师范大学文学院的讲座）

童年经验与人生资源

我希望这次交流充满互动。前几天我发了几个材料过来，安排一些同学讲述和朗读。先请一位同学朗读顾城的诗歌《我是一个任性的孩子》——

我希望/每一个时刻/都像彩色蜡笔那样美丽/我希望/能在心爱的白纸上画画/画出笨拙的自由/画下一只永远不会/流泪的眼睛……我还想画下未来/我没见过她，也不可能/但知道她很美……我想擦去一切不幸/我想在大地上/画满窗子/让所有习惯黑暗的眼睛/都习惯光明……最后，在纸角上/我还想画下自己/画下一只树熊/他坐在维多利亚深色的丛林里/坐在安安静静的树枝上/发愣/他没有家/没有一颗留在远处的心/他只有，许许多多/浆果一样的梦/和很大很大的眼睛……我是一个孩子/一个被幻想妈妈宠坏的孩子/我任性诗中的孩子，自述是一个“被幻想妈妈宠坏的孩子”，最大的特点是“任性”。阅读诗句，我们看到这个孩子是一个自由的精灵，善良、爱美，和大自然保持着敏锐的亲近，充满想象力和创造精神，满怀着希望和渴望。

这首诗中写的孩子，不是某一个具体的孩子，而是对美好童年的诗性表达。

让这首诗把我们带回到充满幻想和童稚的孩提时代。

一、关于“童年”“经验”和“资源”

法国启蒙思想家卢梭，是最早发现“童年”的人，也就是确立了社会学意义的“童年”概念的人。他在1762年写的《爱弥儿》里指出：“在万物中，人类有人类的地位，在人生中，儿童期有儿童期的地位；所以必须把成人当成人看待，把儿童当儿童看待。”

《现代汉语词典》对“经验”有两种解释。它作为名词，是指“由实践得来的知识或技能”；它作为动词，是指“经历或体验”。人的经验来自经历，来自体验与感悟。童年生活的丰富性和多样性，带来童年经验的丰富性和多样性。

“资源”在词典上的解释是“生产资料或生活资料的天然来源”。我这里讲的主要是精神资源。人的发展需要许多的资源，其中很多精神资源就来自童年经验。

二、为什么要正视童年生态，重视童年经验

电视和互联网改变着世界，儿童和成人一起共享媒介提供的信息，童年生态被严重地破坏。1982年，美国纽约大学教授尼尔·波兹曼出版《童年的消逝》一书，呼吁捍卫童年！他曾将这本书的主题概括为一句话："美国文化敌视童年的概念。"实际上，随着全球化的进程，电视文化、娱乐文化、商业文化迅速渗透到世界各地，成为一种世界性的文化现象，对儿童生态和童年的精神世界造成巨大的侵害。

在经济全球化背景下，利益至上，竞争加剧。在教育领域，表现为急功近利，分数至上，导致童年生活空间狭窄。我在一些学校采访，留意到一些令人痛心的现象。比如有的孩子写错了一个字，老师要求他把这个错字写一百遍。这样的做法是不尊重童年心理的粗暴行动，这样的教师是忘记了自我童年经验的人。

做教师的人不懂得童年的秘密，没有探索童年秘密的意愿，不能从童年经验中获得教育智慧，这是非常危险和有害的。

三、童年经验蕴藏着哪些人生资源

我在写作《禾下乘凉梦——袁隆平传》和《不再饥饿——世界的袁隆平》这两本书的过程中，感受到一个人的童年生活对人生发展的巨大影响。我由此开展了一项有趣的观察和研究。就是

有意识地去观察和了解世界各行各业的100位杰出人物的童年与成长经历。结果发现，童年的成长经历和生命成长经验中，蕴藏着丰富的人生资源。

1. 品质资源

鲁迅先生在1922年写的《社戏》，写自己小时候和双喜、桂生、阿发一群伙伴夜里驾船去看戏。请一个同学读这一段——

桂生说罗汉豆正旺相，柴火又现成，我们可以偷一点来煮吃。大家都赞成，立刻近岸停了船；岸上的田里，乌油油的都是结实的罗汉豆。

"阿阿，阿发，这边是你家的，这边是老六一家的，我们偷那一边的呢？"双喜先跳下去了，在岸上说。

我们也都跳上岸。阿发一面跳，一面说道，"且慢，让我来看一看罢，"他于是往来的摸了一回，直起身来说道，"偷我们的罢，我们的大得多呢。"一声答应，大家便散开在阿发家的豆田里，各摘了一大捧，抛入船舱中。

"偷我们的罢，我们的大得多呢。"阿发这一句话，充分反映了儿童的天性——无私、率真。可以说，这是20世纪中国文学里对儿童心灵世界的最生动最精彩的艺术表达。

我们再举一个例子，童年优秀的习惯品质也能成为人生极其重要的资源。

1978 年，75 位诺贝尔奖获得者在巴黎聚会。有个记者提问：“在您的一生里，您认为最重要的东西是在哪所大学、哪所实验室里学到的呢？”一位白发苍苍的诺贝尔奖获得者平静地回答：“是在幼儿园里，我学会了很多很多。比如，把自己的东西分一半给小伙伴们；不是自己的东西不要拿；东西要放整齐；饭前要洗手；午饭后要休息；做了错事要表示歉意；学习要多思考，要仔细观察大自然。我认为，我学到的全部东西就是这些。”

儿童的天真无邪、率真无私，儿童的好奇好动、充满幻想，儿童善于学习，儿童容易快乐，儿童心灵自由，等等，这些都是人生发展的重要资源。有识之士提出“向儿童学习”，这已经成为一个国际化的现代理念。

2. 智慧资源

我想从生活的智慧、创造的智慧、教育的智慧三个方面来谈。

关于生活的智慧，我们举“现代舞蹈之母”邓肯的童年经验为例。请一个同学朗读她的《我从小就敢作敢为》。

邓肯于 1877 年出生于美国旧金山。她小时候，母亲带着四个孩子过着清贫的日子。母亲当家庭音乐教师，挣不了多少钱，就用纱丝编织一些帽子和手套，放到商店里寄卖。那些东西卖不掉，商店不愿意代销。邓肯看到妈妈为此流泪，就把帽子戴在头上，把手套戴在手上，出去推销。她一边跳舞，一边叫卖。东西全部卖掉了，得的钱比在商店寄卖还多一些。家里没有一点东西可吃时，邓肯自告奋勇到肉铺去赊肉。肉铺老板不愿意，小邓肯就在他的肉铺前不停地跳舞，吸引许多人围观。老板没有办法，只好赊一点肉给这个跳舞的小姑娘。邓肯这样写道："这是一种很好的教育，从哄骗凶恶的肉铺老板中，我学得了一种本领，后来能够对付凶恶的经纪人。"穷人家长大的孩子，更有生存智慧。

关于创造的智慧，我们来看爱因斯坦的童年经验。爱因斯坦四岁那年，他的家乡慕尼黑发生了一件新鲜事——最大的剧院用上了电灯。他坐在父亲的肩上，挤在熙熙攘攘的人群里，目睹电灯光亮起的美妙时刻。谁也想不到，他的一生将和奇妙的光产生密不可分的联系。他后来老想一个问题：光跑得有多快。这一经验对他提出相对论产生过重要作用。爱因斯坦上小学时，有一次生病躺在床上休息，父亲给他买了一个像怀表一样的玩具，那其实是一个罗盘，上面的指针总是不可思议地指向一个方向。他为此陷入幻想之中，感到大自然存在着一种"神秘的力"。

童年的玩具和游戏，深刻地影响人生。美国人富勒善于从童年经历里吸取创造智慧。他上幼儿园时，老师给每个孩子几根牙签和几粒豌豆，玩搭建筑物的游戏。那些眼睛健康的孩子经常看到完整的房子，他们都搭建了长方形的结构，但稳定性不好。富勒视力不好，他把几根牙签来回摆弄，最后搭建出三棱形的结构，不管从哪一面摆，都很稳定。他搭建出的独特造型，受到了老师的表扬。许多年后，富勒把童年对“三角形是天然的最稳固的形状”的发现，应用到建筑设计之中，而且成了他著名的商标。

关于教育的智慧，我们请一个同学朗读加拿大作家菲比·吉尔曼创作的《爷爷一定有办法》。这是一本著名的儿童图画书。故事里的爷爷给小约瑟缝制了一条蓝颜色的小毯子，随着小约瑟慢慢长大，爷爷把小毯子改成蓝颜色的外套、背心、领带、手帕，最后为约瑟做出了一颗纽扣。故事的结尾是这样的——

约瑟一看，纽扣不见了！

约瑟焦急地找啊，寻遍了可能去过的所有的地方，可是没有。

纽扣没有了，即使是总会有办法的爷爷，现在也不可能有办法了。

约瑟没有找到纽扣。有办法的爷爷没有了办法。第二天，约瑟去上学。约瑟拿起笔来，在纸上刷刷地写着：“这些材料还够……”

还够做什么？还够写成一个奇妙的故事！

儿童参与到生活中，像海绵一样吸取成长的养料。这正好印证了美国教育家杜威的著名观点：“生活就是生长。”小约瑟从爷爷的身上，获得了节俭的美德和创造的智慧。

3. 情感（审美）资源

艺术家将童年经验升华为审美的资源。这里介绍几部生动地表达童年经验的优秀文学作品，如高尔基的《童年》、黑柳彻子的《窗边的小豆豆》、沈从文的《从文自传》、达尔的《好小子——童年故事》、佛瑞斯特·卡特的《少年小树之歌》等，请同学们自己去阅读。要从阅读中去感悟，艺术家像魔法师一样，把美妙的童年经验升华为审美的力量。

4. 思想资源

你们知道现代志愿者运动的开创者是谁吗？他是法国人阿尔贝特·施韦泽。他 25 岁时，已获得哲学博士和神学博士学位，而且是管风琴演奏家，也是研究巴赫音乐的专家。他听说非洲流行瘟疫，缺少医生，决定从头学医，经过九年努力，于 1913 年获得医学博士学位和医生执照，和妻子一起出发，前往非洲的兰巴雷内（现在属于加蓬）。他拿出自己的财产建设诊所，为当地土著治病。他志愿在非洲义务行医 50 年，1952 年获得诺贝尔和平奖，被人们尊称为“非洲之子”。他从来没有停止过思考，成为当代具有广泛影响的思想家。他创立的以“敬畏生命”为核心的生命伦理学，是当今世界和平运动、环保运动的重要思想资源。

施韦泽小时候曾经驾着马拉的雪橇回家过圣诞节，一只狗突

书里的精灵

成长的力量在闪光

然从一个院子里跳出来对着马狂叫。他抽了那只狗一鞭，击中了它的眼睛。狗发出一声嚎叫，在雪地里打滚。狗的哀号一直在他耳边回响，几个星期都不能摆脱。他写道："正是从这种震撼我的心灵并经常使我惭愧的经历中，我逐渐形成了不可动摇的信念：只有在不可避免的条件下，我们才可以给其他生命带来死亡和痛苦。"来自童年生活的经验，对施韦泽产生了深刻影响，经过人生阅历升华为"敬畏生命"的哲学思想。

四、怎样积极地对待童年生态与童年经验

我们已经了解到童年经验蕴藏着丰富的人生资源。我们回眸童年，目的是面向未来。我们应当尊重和丰富童年的生命经验，珍惜和发掘童年的宝贵资源，保护和建设童年的自由生态。

我想从儿童文学、儿童教育和儿童报刊三个方面来谈。

市场流行的儿童文学，受电视文化的影响很大，突出的特点就是情节热闹。那么我们应当发问，优秀的儿童文学应当是什么样子，或者应当具有什么品质？我认为，优秀的儿童文学，要智慧地传达童年经验，并把美妙的童年经验升华为审美的力量，能感动人，引人思考。用这个标准去衡量，那些热闹的书籍主要是娱乐性的，不需要思考。而上面我推荐的几本书，则对童年经验有着卓越的表达。

关于儿童教育，我谈谈自己的体会。我从采访袁隆平先生的

感受出发，提出了“发现教育”的理念，倡导三句话：用发现的眼光去阅读，用发现的眼光去学习，用发现的眼光写作文。同时要高度重视儿童游戏和大自然教育。朱自强先生在《让心为新鲜的一切而跳——儿童教育与童年身体生活》中指出：“儿童教育面临的最大问题是儿童生态被破坏，其中的一个主要表现就是童年的身体生活被挤压甚至被剥夺。出于功利主义的目的，一些教育者（家长、教师们）对书本文化顶礼膜拜，却抽掉在儿童成长中具有原点和根基意义的身体生活。这样的教育，不仅难以使儿童成材，甚至难以使儿童成‘人’。”这是应该引人深思的。

关于儿童报刊，我想简单地介绍一下我们《小学生导刊》的办刊思路。我刚才进教室的时候，有一个同学对我说，以前在《小学生导刊》上发表过作文，还收到过我的回信。在座的许多同学都是我们刊物的读者，这让我感到很高兴。我们反对把孩子局限在教辅习题里，而是积极地为孩子们提供新鲜、新奇、新美的内容，倡导小读者开阔眼界，大胆尝试，动手动脑，快乐发现。我们为什么要这样做？就是要引导孩子们“动起来，活起来”，尽可能地丰富童年生活和童年经验，为孩子未来人生的发展储备多姿多彩的精神资源。

对于童心永存的人，童年是精神家园，是生生不息的人生资源。

来自美好童年的力量，将使世界变得更美好！

（2009 年 4 月 14 日在湖南第一师范学院的讲座）

人的同质化竞争与特质化发展

很高兴来到第一师范与同学们进行交流。我讲的题目是《人的同质化竞争与特质化发展》。这是一个关于成长的话题，我希望这个题目，能引起大家的一些思考。

一、何为“同质化”？何为“特质化”？

我是一个办刊的人，对于“同质化竞争”的最初认识，源于办刊的实践。现在各种媒体竞争激烈，刊物与刊物之间的竞争也很激烈。我们的刊物是一份综合性的少儿刊物，全国每个省几乎都有一家甚至两三家同类的刊物。从全国来看，这么多同类刊物，面向同样的读者群，刊登大同小异的文章，谁也没有什么优势可言。这样的刊物之间的竞争，就是“同质化竞争”。这几年里，我们所做的工作就是尽可能地做得不一样些，从办刊理念、栏目策划到组织稿件，努力做出自己的特色来——也就是要突出自己的个性和“特质”。现在看起来，我们的探索和努力，效果还不错。

在办刊过程中，我比较注重研究人的成长，思考人的发展。现代教育是一体化的教育机制，它的优势是保证了受教育者所受教育的全面性和体系性，它的缺点也是显而易见的，就是限制了受教育者的个性化发展和自由的成长空间。

一体化的应试教育，带来一个可怕的影响，就是抓考试分数成为唯一的“硬道理”。许多人看到了这种“分数至上”的危害，但难以抗拒。家长不敢拿自己孩子的前程来对抗整个教育体制，学生也不敢拿自己的前程来对抗整个教育体制，一旦考试成绩不理想，考不上大学，人生就输在“起点”上了。

到了大学之后，很多人受到小学和中学教育的惯性，刹不住车了，还是以考试作为学习的目的。这样成长起来的人，很容易陷入到“同质化竞争”的困境里。

我们来简单地归纳一下题目里的两个概念：

同质化——来自相同的学习方式、相同的思维方式，缺乏个性特长，表现为“高分低能”，缺乏解决问题的能力。

特质化——最本质的内涵就是独立思考，促成心灵觉醒，促成探索行动，促成个性特长，带来人生多样性的发展。

二、成功者总有一些特殊的品质

最近这半年，我在写作和修改《不再饥饿——世界的袁隆平》

一书，已经由湖南文艺出版社出版，外文版的翻译和出版也已经启动。5月24日由省委宣传部和湖南出版集团举行了这部书的首发式。这是我写的第二部关于袁先生的书。它是一部长篇报告文学，探讨“杂交水稻”这个世界育种难题，为什么在中国取得突破，它给中国和世界带来了怎样的影响。我们把这一重大科技事件，放在人类反饥饿的大历史背景下来探讨，放在人类育种的大历史背景下来探讨，放在国际国内的政治和经济的大背景下来探讨，选择了一个宏大的叙事角度。

把一个人和他所做的事情，放在一个大的历史尺幅上来审视，这个人和他的事业当然是要有重大分量的。袁隆平恰好是这样一个人，一点也不逊色。他所做的事情，必须要放在历史和社会的大背景上去看，才能看得更加真切。他和他的事业，对于中国和人类的价值，必须放在历史长河与对未来的展望中来考察。

袁隆平瞄准了一个问题：如何让人们吃饱。他的事业就是从这个巨大的问题发端，而且不断地引发新的问题。他一辈子都在解决这个大问题。

我一直在思考，袁隆平当初只是一个普通农校教师，是什么使他成为后来的袁隆平呢？中宣部将袁先生确定为科技创新重大典型，今年6月上旬将在北京人民大会堂举行大型报告会，我是报告演讲稿的撰写人之一，我在演讲稿里写了这样一段话：“他从一名普通的山区农校教师成为誉满全球的‘杂交水稻之父’，从两腿泥水的农业科技工作者成为美国国家科学院外籍院士，从扎根田间的实验科学家成为高科技背景下的战略科学家。在新人辈出的国际杂交水稻研究领域，他始终走在最前头，一直引领着世界杂交水稻育种和研究的方向。”我去过他工作19年的安江农校，他在那个偏僻的地方，居然开创出他的震撼世界的伟大事业。他的成功，对于今天的教育事业，对于探索人的成长，对于创新型国家的建设，都具有极其丰富的探索价值。

我思考的这个问题，也应该是我们每个同学要思考的问题。

现在来看袁隆平成功的原因，当然有很多。从他个人来看，他是一个英语优势者，是一个游泳健将，是一个精神自由主义者，是一个专注于目标的人，是一个扎根田间而视野开阔的人，是一个兴趣主义者，是一个行动主义者，是一个永不满足的探索者，是一个童心不泯的人，是一个乐观主义者，等等。

袁隆平在安江农校时，与他的同事好像没什么太大的区别。都一样教课，领一样的工资。但是，他当时比别人多了一点动作，这是值得我们留意和深思的动作——带领学生在田边观察时，别的老师也许只是停留在田边，他却要跨进田里去。他去干什么呢？数一数一支稻穗有多少谷粒。他要做的就是提高谷穗上谷粒的数量，一辈子都在做这道看似简单却十分艰难的数学题。别人在学习工作中产生了疑惑，如果找不到答案，也许就把疑惑忽略了。但是袁隆平却不这样。1962 年，他自费坐上火车，到北京去查资料，请教专家。他的这些动作，或许具有某种揭示本质的作用——他作为一个伟大创造者所应有的特殊元素，也许就在其中。

成功者总是有一些特殊的品质在发挥作用。这是一定的，这是我们有必要关注的。

为了准备这次讲座，我特地重读了毛泽东的《湖南农民运动考察报告》，感到真是太棒了。你们很幸运，是一师的学生。我觉得，你们非常有必要去了解一师培养出来的最了不起的人，这就是毛泽东。你们以前可能读过他的诗词，那只是他的一个方面。毛泽东在一师读书时，和他的同学徒步去乡村考察。《湖南农民运动考察报告》是他 30 岁出头的作品，它是从问题出发的一个考察报告。在那个年代，对中国农村和农民问题，如此高度重视，如此深入地去调查和了解，决定了毛泽东思考中国问题的独特性。从内容的来源，从语言到思想，这篇作品都强烈地显示出毛泽东的特质。这个特质是什么？你应当用心去读，去领悟。

三、努力摆脱“同质化”束缚

我们编辑部接受过一些大学生来实习，每年都有好几个，有师大、湖大来的，也有从别的大学来的。我主持过编辑招聘考试，感到现代大学生的学习存在一些问题，受“同质化”束缚比较严重。

我问，读过鲁迅所有短篇小说和散文吗，读过沈从文的《边城》和《从文自传》吗，读过萧红的《呼兰河传》吗，读过莫言的《透明的红萝卜》吗，读过韩少功的《马桥词典》吗，这些现当代中国的重要作品，他们没认真读过，或只读过一点。

《红楼梦》《史记》这样的经典不去读；《百年孤独》《麦田守望者》这样的外国现代名著也没有读过。

有些师范专业的大学生，居然对儿童文学一无所知。你不知道儿童文学发展的历史线索，不知道儿童文学发展演变的历史其实是教育观念演变的推动史。你不知道重要的儿童文学作家作品，你不懂得童趣，不认同童心，不能深入儿童的心灵世界，如果你成为教师，就可能成为孩子成长过程中的绊脚石。

我们有很多同学，依照小学和中学的惯性，掌握了一个便捷的学习方法，就是看教材考高分。但是，你没有直接阅读的体验，没有深入心灵的感动，没有感受到作品中人物的喜怒哀乐，没有感受过文学语言的奇妙和精致，你那个高分在社会生活中是没有用的。读文科的学生，没有阅读和写作的扎实训练，这是很糟糕的，你不能获得自己的思想材料，也不能给自己思考的机会，不让能自己经历心灵表达的训练，结果是你只能跟着教材走，人云亦云，你的思想深处，毫无个性化的特质。

教材只是结论，是僵化的，是理性的。如果你不结合阅读原著，不结合自己的思考，任何高明的学者所编的教材，都只能给予我们一个标准答案，最终它给予我们的东西，就是让我们成为一个知识的容器。它只能给予我们“同质化”的东西。

同学们的成长之路，一直是从一所学校到另一所学校，已经习惯把眼光盯在学校里认为重要的事情上，盯在老师认为重要的事情上，就是没有自己认为重要的事情，或许是没有时间关心自己认为重要的事情。可以说，在中国高考的指挥棒下，“同质化”在严重地危害着年轻一代的成长。

美国中学生升大学，也要参加“高考”，就是必须通过统一考试（SAT），要考语文和数学，跟中国高考差不多。但能否被录取，这个考试成绩只占三分之一。录取要进行其余方面的考查，各州、各地区、各校，依据自己的标准，名目繁多，其中一项特别看重学生的校外经历，譬如是否有点特长，是否有出国(如去第三世界当义工)经历，是否单独弄过什么作品(有的美国高中生自己拍过电影，有发明创造成果)，等等。美国高校录取的导向，重视学生的实践能力，重视每个人的特质化的发展潜力。这是一个了不起的导向，智慧地影响着青少年人生的发展和走向。人家的方向确实好，你不得不承认，不得不向他们学习。我国高考改革强化了“自主招生”，也是往这个方向迈出了步伐。

我想提醒大家的是，你们身为大学生，已经跨越了考试升学的重要门槛，就应该考虑培育自己的特质，实践自己的特质化发展。现在有条件这样做，有条件来弥补“应试教育”带来的不足。你对自己的学习方式和成长方式，要有反思和选择的能力。如果你的选择和反思能力跟不上你的成长需要，那是很糟糕的事情。

大学时光非常宝贵，应该把眼光放长远一点，要努力摆脱“同质化”的束缚，超越追逐考试高分的急功近利，着眼于未来人生的长远发展。你试一试，拿自己的学习方式和思维方式，与最优秀的人去进行比较，会大有收获的。如果你只是依照小学和中学的惯性，成为一个只会考试的人，你获得的东西就只是“同质化”的东西。

四、强化“特质化”发展的意识

苏霍姆林斯基在《帕夫雷什中学》一书里说：“每个学生的才能和天赋都可以在教育过程中得到发展。日后，一些人将成为科学家、思想家、艺术家，另一些人将成为工程师、技师、医生、教师，又一些人将成为钳工、车工、农业机械师，但是有一个共同特点会使他们很相似，这就是智慧和创造性在劳动中起主导作用。”

“智慧和创造性在劳动中起主导作用”，这一句话是同学们特别要重视的。我们应当有“智慧和创造性”地进行学习，这是建设个人特质的重要手段。

现在，社会上有许多东西是迷惑人的，让我们在不知不觉中放弃“智慧和创造性”。它为什么容易让人迷惑？因为它时尚、刺激。比如，电视流行娱乐文化，主要元素是暴力、情色和隐私。它是文化快餐，是感官刺激，是浅文化，却吸引着千千万万青少年观众的眼球，浪费时间和精力，真是太可惜。

跳出同质化的竞争，实现特质化的发展，需要沉下心来好好思索，做出自觉选择，付出实际行动。没有人能够代替你去做这件重要的事情。

我们知道，根据科学家对基因组的破解，人与大猩猩之间的基因差异，也就是不到 2% 的差异，98% 以上的基因是相同的，进化的结果就是基因有一点点差异。人类从动物界走出来，靠的就是这一点差异。

在知识结构和思维方式上，如果你比别人多那么一点不同的品质，比如你有 2% 的特殊性，甚至通过努力，你的知识和思维有 5%、10%，甚至 20% 的特殊元素，这个差异就能够让你从“同质化”群体中超越出来，就像人从大猩猩中超越出来。

这个差异从哪里来？我想给同学们提一点建议，就是“比别人多走一步或半步”，通过行动差异实现品质差异。我尝试谈几个具体做法——

阅读差异：有创意地进行深阅读

阅读作品与只看教材是非常不一样的，“一千个读者眼中有一千个哈姆雷特”。作品不提供标准答案，却给予我们审美愉悦和心灵感动。阅读原作能够让我们形成独立思考的品质，“特质化”的生命元素由此滋生。

有创意地写书评，如——

《百年孤独》的10句经典的文学语言。

《从文自传》的10个生命细节与从文先生小说创作的关系。

有创意地交流——你可以组织同学评选大家认为最精彩的10部儿童文学作品；请大家畅谈自己最喜欢的一部教育学著作……评选不是走过场，要辩论，要有基于阅读的体验。

行为差异：创造性地开展活动

就像只看教材不读原著一样，有些同学只安静读书而不动手实践。

我看了一个关于大学生的电视报道，印象深刻。今年4月15日中央电视台“本周”栏目的节目叫“扛摄像机的人”，讲了湖南大学的一个学生和湖南林业科技大学的一个学生，业余弄了个DV，尝试拍电影。他们那个电影就叫《高手》，获得全国大学生DV大赛金奖。四川农业大学的几个同学到山区去玩，碰到一个爷爷准备把他10岁的孙子送给别人抚养。他们用手中的DV记录了当时的情景，打听后知道孩子的母亲在9年前逃出去打工了，父亲患了精神病。他们帮助这个孩子找到了他的母亲。他们把整个过程拍成了一部电影纪录片，获得全国大学生DV大赛纪录片的金奖。江西省东华理工大学大四女生巩元源用DV自己拍摄了校园剧《一英里》。两个多月里，从编写剧本、拍摄到后期的剪辑、配乐，都由她一人独立完成。她说："我觉得在学生时代拍过DV剧的人，在以后的生活中会有一种非常敏锐的思维和概括能力。"

把DV、电脑等现代科技产品，当作自己学习的工具和尝试实践的工具，这真是太棒了。

在我的眼里，毛泽东、袁隆平是伟大的行动者、探索者、发现者。正因为如此，我在中小学大力倡导，老师要引导少年儿童成为小行动者、小探索者、小发现者。在这里，我提倡大学生更要主动地成为行动者、探索者、发现者。因为，人的特质就是从行动中来，从探索中来，从发现中来。

思维差异：学会独立思考

思考是面对问题进行的智力活动。你提出了什么问题？你提出了什么好问题？你采用什么方式来进行思考，通过什么途径去寻找答案？

文科学生的视野要不断拓宽，你不能只读文学书籍，还要关注科技、哲学和各种艺术。视野开阔，才有可能多角度地进行思考。有了新的观念，读书才会有收获。

如果你读过王小波的杂文，会感到他的思维方式与一般人很不相同。他原来是学工科的。你能不能在阅读王小波的杂文时，对他的思维方式进行考察?

阅读中去考察作者的思维方式，就是深阅读的表现了。你有没有关注过孔子的思维方式?有没有关注过爱因斯坦的思维方式?有没有关注过马克思的思维方式?有没有关注过鲁迅的思维方式?有没有关注过自己的思维方式?

建议你尝试对一两位自己喜欢的杰出人物进行这方面的考察，看到思维方式的多样性，逐步地形成独立思考的能力。

我们所处的社会是一个充满竞争的社会。市场经济的特点，就是竞争机制的普遍推行。各种各样的竞争，说到底是人的竞争，是素质的竞争。在这个意义上，我讲的“特质化”发展，是强调个人素质的升级与独特品质的形成，而不是行为的极端化。

市场经济带来了竞争机制，个人有了施展自己才能的社会基础。这个时代是属于年轻人的。从历史看现实，我们现在所处的时代，从个人的发展来说，是中国有史以来最好的时期。社会已经允许并且鼓励个人奋斗，个人努力，去获得自我发展的机会。

有了这个大的社会背景，个人能否做到最大化的价值实现，就有赖于自己的意识、素质、才能和自觉行动。希望同学们有意识地培育自己独特的思维品质和个人才能，为人生的成功打好基础，成为优秀的人。这是我对同学们的美好祝福!

(2007 年 5 月 29 日在湖南省第一师范学校的讲座)

出发：行走与阅读

在暑假里，同学们肯定有许多美妙的事情要做，但是，我觉得必须要有阅读与行走。每一次旅行都是一次出发，同学们要把每读一本书也当作一次出发。在今天讲的题目上，我特地加了一个词：出发！

达尔文在少年时代有过自发的“直线行走”的故事。他对父亲的罗盘非常感兴趣，有一次悄悄地取了罗盘，瞄准一个方向在野地里走了1000米。沿途不管是遇到灌木草丛，还是小河或池塘，他都不拐弯，一直往前走。他这样往前走去，还把一路上遇到的植物、动物都详细地做了记录。同学们想一想，少年达尔文的“直线行走”活动，会得到多少新鲜的感受和收获。这个故事对于他的人生具有强烈的象征意义，几乎是他一生的象征。

在这个听讲座的现场，我们做一个简单的纸上行走描述。同学们都带了纸和笔，请你快速画出两幅简图——

画一幅自己的行走地图，画出你到过的最远的地方，经过哪些地方到达了目的地。

画一幅自己的阅读地图，画出自己读过的不同国家的人写的书。你把那些作者的名字和国籍写出来，把自己的名字放在中心，然后用线条连接那些人的名字。

画这两个简图有什么用？可以反映出同学们目前的阅读和行走状况。

我建议同学们要将画地图的活动坚持下去，在自己的卧室里挂一幅世界地图，以后每读过一本书，就把作者的名字写到相应的版图上。不同类别的作者要用不同的颜色，比如用绿色写科学家的名字，用蓝色写作家的名字……你坚持到初中毕业，这幅地图就会变得五彩斑斓。它会成为你的精神成长地图。

我们阅读的优秀作品，是伟大的行走者写出来的。

行走与阅读是人类优秀的文化传统，是人类创造文化、传播文化的重要方式。

中国的文化传统里，有行走的屈原、行走的孔子、行走的司马迁、行走的徐霞客、行走的玄奘、行走的李白、行走的李时珍……以司马迁为例，他从长安出发后，朝东南方向行走，经陕西境内的武关直达河南南阳，然后乘船顺长江漂流而下，到了洞庭湖，往汨罗江祭祀屈原，再到长沙，沿湘江逆水而上，考察楚国故地的乡俗民情，再溯潇水而上，抵达湖南零陵，也就是现在的湖南宁远县，拜访舜帝陵。然后乘船顺长江而下，到了彭蠡湖（即今鄱阳湖），路过歙县，到浙江绍兴，抵达会稽山，探访大禹在那里留下的遗迹。这就是司马迁的“万里壮游”。他的杰出著作《史记》，与他的实地考察密不可分。司马迁式的行走，是带着目的进行考察。近现代的文化名人詹天佑、蔡元培、鲁迅、钱学森等，他们的行走对于中国文化的现代化建设具有深远的意义。

欧洲众多历史文化名人，都是一些具有流浪汉气质的人。大家所熟悉的童话作家安徒生，是一位流浪诗人。苏联作家康·帕乌斯托夫斯基写过一篇对安徒生有着深刻理解的文章，就是用“流浪诗人”作为文章标题的。康·帕乌斯托夫斯基认为，安徒生“有一种能力，对每条小路和每步路程中偶然碰到的一切有趣和美好的事物都善于感到欢乐”。他认为，在旅途上流浪写作的安徒生，有着一种敏锐的发现美的特殊才能。欧洲作家的这种流浪汉气质一直延续到美国作家海明威身上，他所塑造的“不能被打败”的典型人物，是具有典型的流浪汉气质的人物形象。

有质量的行走，总是伴随着心灵的出发，思维的出发。

一个问题引发了行走。比如，谭盾在少年时代，从长沙出发到上海去寻找作曲家贺绿汀。袁隆平 1962 年从湘西大山里的安江出发，赴北京查找资料。梭罗带一把斧头，独自在瓦尔登湖建造小木屋，记录对大自然的观察和思考，自命为“大自然的观察者”。他的观察和思考笔记《瓦尔登湖》，成为自然主义哲学和大自然文学的名著。20世纪60年代初期提出“环境保护”概念的美国女海洋科学家蕾切尔·卡逊，从实地考察中率先看到工业文明对大自然的破坏，倡导要自觉保护环境。她的著作《寂静的春天》成为人类有史以来第一部环保著作。

一本书引发了行走。俄罗斯“科学之父”罗蒙诺索夫出生在俄国一个偏僻的渔村，18岁时还没进过学校，只是在宗教活动中学会认简单的字母。他从一个渔民家里看到了一本《算术，即数的科学》，这本书是莫斯科出版的。于是，他下决心到莫斯科去上学。这本书改变了他的一生。有的同学希望我介绍一些优秀儿童文学作品。我以青年作家周静写的儿童小说《春雨滴答滴答下》为例，这篇作品中塑造了一个“徒步观察者”的形象。这个人物孤独、敏锐，善于观察，用心感悟，得到体验，得到发现，乐在其中。他好奇、善良、优雅，内心丰盈，生命其实非常精彩。

行走路上开始新的行走。为了纪念早逝的妹妹，他攀登巴基斯坦境内的世界第二高峰，却发生意外，与队友们失去联络，没有水也没有食物。十分幸运地，科尔飞村居民拯救了他的生命。他决心回报这里的人，承诺建立一所学校。他在巴基斯坦、阿富汗山区陆续成立60所学校。

我主编的《小学生导刊》杂志，提倡小读者敢于尝试，敏于行动，用心感悟，用脑思考，学会发现。这其实就是让身体出发，让心灵出发，让思维出发。这样的出发，才是有质量的成长方式。有些同学的行走是浮光掠影的，是匆匆促促的。有些同学的阅读是很表面的，是质量不高的。我们有必要思考并尝试，让同学们的阅读和行走，不断地提高质量。

怎么样提高阅读质量呢？《小学生导刊》今年策划了两期主题刊，第3—4期的主题是“问号带我去探索”，第9—10期的主题是“十六棵故事树”。如果你没有读到这两本主题刊，我觉得那是你很大的损失。你应当细致地阅读。你在学习过程中，能够提出问题，跟着问号去探索，主动寻找答案，这是非常重要的学习方法。提出问题，探索解答，同样也是非常重要的阅读方法。

并不是在一句话的后面加一个问号，就是提问。英国大物理学家狄拉克，26岁时创造出奠定原子、分子结构理论基础的狄拉克方程式，后来又提出反粒子理论。有一次，狄拉克在美国的普林斯顿大学做演讲，听众提问时，一个人说：“教授先生，我不懂得你刚才所写的方程式2是怎么从方程式1推导出来的。你能解释一下吗？”狄拉克好像没有听见一样，不予回答。主持人提醒狄拉克回答这个人的问题，可是狄拉克说：“他并没有提出问题，他只是说了一句话。”

狄拉克对那个听众的态度是发人深思的。我们倡导的行走与阅读，应该是一种引入思考机制和精神参与的行走和阅读，一种有效的行走与阅读。

行走和阅读，应该讲求质量和效率，应该产生价值和力量。

新课程改革，提倡探索性学习，提倡同学们通过亲身考察、实验、调研，在阅读中寻找资料，进行综合分析、思考，获得新体验、新知识、新发现。希望同学们从探索性学习开始，实现有效的行走与阅读，培养学习能力和创造能力。

有些同学会说，我们没有这样的条件。你们也许还记得我在前面讲过的“直线行走”的故事，少年时代的达尔文并没有考虑行走需要什么条件，然而他行动起来了。你每天在校园里行走，你有没有留意校园里有多少种树木？有没有熟悉学校的历史？有没有熟悉身边同学的优点和特点？你可能不太清楚，因为你缺乏一种深度关注，没有去调查研究，也就没有独自的发现。

行走是与大自然、与社会的交流与对话，阅读是与人类伟大心灵的交流与对话。行走与阅读，应该要有大脑和心灵（即思维与感觉）的深度参与，激发思考和想象，激发生命创造力。

行走是在天地间阅读，阅读是在文字里行走。

行走和阅读的美好成果，就是让我们得到体验、感悟、思考和发现，就是创造出一个有行动力、有开阔视野、有思考力、有创新力的自己。

（2010 年 7 月 17 日在长沙市少年宫的讲座）

共同的风景和心情

那是记忆里我们三个人唯一的一次野山之行。

是在暑假，天色尚早，太阳刚刚照临竹林边山坳地陶永喜家的木屋。我、陶永喜、陶永灿，便沿着晨露晶亮的山路出发了，去爬一座预谋已久的山——堡顶山。

我们的行李很简单，只有一个帆布书包，里面装了糍粑和刚从树上摘的山梨。这书包暂时挎在陶永喜的肩头。我们在山口明亮的阳光和山峰的凉影里走，真像走在童年一样。

一路走去，有说不完的话，没有那种不属于同一个精神世界的人来打搅。路边梯田，中稻正在孕穗。那样子的山路、清风和景色，给了我们一种感觉，仿佛很久很久以来，我们就一直这么相伴走着。

书包里特地藏了一个节目，带了一副扑克牌。走一阵子，出了汗，在山溪里捧了水喝，找一凉爽处坐下，我们打牌。作为小小的刺激，打输者在下一程路上，背那个帆布书包。

那一天，好像老是我在背书包。我的两位同行者便格外快乐。背着书包，仿佛时光倒流，回到了童年时的上学路上，我也感到新奇快乐。

我们走走停停，穿过田垄、竹林、杉山，朝着山顶爬去……

一只紫色的鸟轻捷地啼叫一声，划个漂亮的圆弧消逝在一片浓浓淡淡的墨绿之中……

——陶永喜《不知名的鸟》

10多年前我在绥宁二中读高中，陶永喜就在同一所学校里读初中。当时我们并不认识。待我从师专毕业，回到母校当教师，他已经高中毕业，回到大山深处的家乡去了。

我们本来已经对面错过。因为写作的缘故，又造就了成为朋友的机缘。

20世纪80年代中期，文学热潮还不曾消退。几个做文学梦的朋友组织了一次聚会，是一个20来岁的清瘦小伙子掏钱在小餐馆吃了一顿饭。他刚理过光头，头发茬儿很短，人蛮精神。这人就是陶永喜。

认识陶永喜，是认识了一段陌生的生活经历。他总是把对文学的追求弄得有点惊心动魄：在高考前的课堂里写诗，惹得老师气愤不已；刚跨出校门，别人都在等候高考分数，他已经加入排木客行列，最初扛上百多公斤一根的排木，脚杆打颤，“像穿了绸子裤”；做了一阵子代课教师，正儿八经地教初中英语，听说还蛮受学生欢迎的，但他又耐不住寂寞，独自带上100公斤茶叶，一车坐到新疆，去领略远行的孤独滋味；后来干脆杀上江湖，长途贩运玉兰片去了……

我教过的高中班里，有过那么几个痴情于文学创作的学生。这种抛开功课的过早选择，我是不赞成的，免不了要敲打。有一次，居然有个愣头小子争辩道：“你的朋友陶永喜不是也没有上过大学么？”我说：“想学陶永喜么，你能去扛排木吗？你能身无分文去新疆跑个来回吗？”这小子低头不语，不知道在想些什么。

陶永喜一脚踏进社会，很不安分地折腾出这么些古怪经历，身体发育得极棒，看上去清瘦如竹，但手臂粗腿脚硬，掰手腕摔跤想赢他实在困难。冬天里他同乡亲一道在屋后漫山竹林里挖冬笋，只听见他的锄头响，收获总比别人多，连那些挖冬笋的里手都叹服：“永喜真是能闻得到笋味。”山里落大雪，村里汉子带上猎狗，去追积雪里行走艰难的野山羊，陶永喜像只猎狗似的总跑在最前头。1992年元旦，我和妻子、女儿去他家里，就吃到了他亲手逮住的山羊，味道极佳，至今怀念。与陶永喜扯谈挖冬笋、捉山羊之类山里人的话题，他总是扬扬得意，胜过面对任何一篇自鸣得意的小说。

这样一个陶永喜，从高中课堂里开始，一直不间歇地写着小说——一手写成人小说，一手写儿童小说。他最初读书极杂，后来用心颇专，一本乔伊斯的《一个青年艺术家的画像》，被他反复读着。最近他到省城来参加创作笔会，我问他还读这本书否，他说还在读。想来时光真快，这本书被他读了十来年了，不知道读成了什么样子。

在陶永喜的小说里，秀美的山野背景之中总是凸现着少年主人公强悍执着的性格。这样的少年主人公骨子里，无疑藏着一个陶永喜自己。

辣辣到底挨近了井边，她看到了方方的一片星空……她伸出手去掬那些星星，身子轻轻地一倾，便感到自己消失在一片惬意的沁凉里。星星环绕着她，辣辣化作了一尾游鱼，游在星星之间，游近了织女，游近了奶奶……

——邓湘子《天上星星亮晶晶》

我在自己第一本儿童小说集《雪魂》的扉页，写了一句话给陶永喜："你的《不知名的鸟》是绥宁儿童小说的发轫之作。"

二十三四岁的陶永喜在《芙蓉》《湖南文学》发表了几篇成人

小说之后，忽然弄出一个儿童小说，发表在《小溪流》杂志，且被《儿童文学选刊》转载，后来还收入了蒲漫汀教授主编的《中国当代儿童文学国际性题材作品选》一书。这篇题为“不知名的鸟”的小说，被当时两个还互不认识的人读到了，影响了他们的文体选择。

这两个人便是陶永灿和我。我们立即丢开正在操练的散文，写出了最初的儿童小说，并且通过《小溪流》走上了《儿童文学选刊》。这便是我的《春笋正拔节》和陶永灿的《乡村人物三题》。

当时《小溪流》杂志的主编金振林老师立即把关注的目光投向了我们，居然将一年一度在南岳举办的儿童文学笔会，搬到我们偏僻的小县城开了一次。这对我们的鼓舞是极大的。

有时颇疑惑自己何以弄起儿童文学来。童年和少年时期，根本不知道世界上还有童话以及别的许多为孩子们写作的书。那时候，除了上两三节课，每天都在山野里放牛、砍柴。

我是写起儿童小说后，才有意识地找来一些儿童文学作品来阅读的，明显先天不足。好在我有着浸透了山野情趣的孩提生活和体验。我的朋友雷桂平曾为我的《雪魂》写过一篇书评，他写道：“作者总是一面回眸自己洒落在故乡山路、溪流、草坡、竹林中的童年岁月，又一面观照生活在同一山水之间的今日山村少年。他往往把少年的点点欢乐和忧伤‘放大’在你的面前，让你为一颗颗幼小的心灵所包含的一切而怦然心动。”我觉得他逼近了我写作的真实状态。我所写作的现实背景下的少年故事里，的确调动和包容了我在小时候的生活感受。这些感受成了作品中的汁液。

曾经写出名著《两个小洛特》和《埃米尔捕盗记》的德国作家埃里希·凯斯特纳在谈到自己的作品时说："那是靠着我的天才写成的，我能够栩栩如生地回忆起童年来。"另外两位伟大的儿童文学作家林格伦和特拉瓦斯夫人对此深表赞同，认为"与自己的童年保持不受伤害,依然活生生的联系,这是一种罕有的才能，靠这才能写作成功。"她们还认为，"了解孩子的作家不见得能写出优秀的儿童文学作品来，要紧的是了解过去的那个孩子——自己。"

能否写出优秀作品，这与作者的天赋与努力密切相关。但是对童年的生动记忆与回眸，促成一些人亲近了儿童文学创作，这是无疑的。我也是这样。

那时，我们都爱养蚕。开春那阵，几乎每人的帽子里或腋窝里都温有蚕卵。细细的蚕卵麻子一样，密密地粘在作业纸上。暖风吹开柳叶芽的时候，蚕宝宝也就破卵而出了。

——陶永灿《乡村人物三题》

那个秋天很晴朗。我读到一篇发表在《青春》杂志上的散文《认门儿》，便跑到县城的一所学校去找这篇文章的作者——陶永喜给我说过许多回的一个人。

我走进林业中学的校门，几片黄蝴蝶似的银杏树叶扑面而来。操场边两株黄灿灿的银杏树，美丽得令我驻足片刻并感到惊讶。

我伸手捉了两片精致的扇形银杏树叶，穿过操场，第一次敲响了陶永灿家的门。

走近陶永灿身边，很自然地感觉到，他是理所当然的兄长，尽管他仅仅比我大那么可数的几百天。他言语不多，眼镜片后的目光安静得有些深沉，即使是最投缘的朋友在一起畅谈神聊，也会感觉到他更专注于自己的内心世界。但他对朋友的真心厚道，使人想起藏在他名字里的那座“山”。

陶永灿和我一样，也教语文，也不喜欢凑进打牌喝酒的堆儿里，便别无选择地亲近了阅读，由阅读而生出写作的欲望，如此而已。

他是有着良好的文学准备的，不是草草登台的那一路。他十分讲究文字的锤炼和韵味，他的小说读起来真是安静、悠远而生出会心意趣。评论家黄云生教授在评述1992年度的少年小说创作时，说陶永灿的小说是“含有淡淡乡愁和人生况味的童年回忆”，真是一语中的之论。

陶永灿和陶永喜的童年隔着一座长满了粗大南竹的山包，尽管被同一片水光山色所哺育，上溯几辈还是同一个祖先，但两人的性情颇不一样：永喜精明干练，永灿深沉内向。反映在文字里，也就有了互不协同、各有亮色的品质。

陶永灿笔下展示着一个乡村人物系列：剃头匠、货郎客、瓦匠、乡村医生、放排客、阉猪匠等等。那些童年视角的故事平实而蕴藉，读了让人感到温暖而又惆怅。在《黄帽子》里，一群顽皮村童对老师长年戴在头顶的黄帽子发生了兴趣。黄帽子成了一个谜。他们采取了各种机智甚至促狭的办法，想揭开这个谜。最后老师站在讲台上，静静地把帽子摘下来，露出一颗癞痢头。这样的故事有一种惊心动魄的震撼力，只在读者心里冲撞，却笑不出声音来。

帕乌斯托夫斯基在论述亚历山大·勃洛克的作品时以这样一个句子感慨开篇："没有比讲述河水的气息或田野的岑寂更困难的事了。"我读陶永灿的文字，感觉他在有意识地表现那种难以言说的乡村气息和童年情味。这种纯粹文学品质的追求，自然比不上流行的商业文字那么热闹。默默地写作着的陶永灿，本来就不热衷于这种热闹和喧嚣。

在山顶上的阳光里，我们寂然无语地仰望天空和俯瞰山野，像返回襁褓之中的三个孩子，纯净而透明。

那次爬堡顶山之行，仿佛是一种有预感的行动，此后不久三人各有变迁，再那么聚齐，委实不易。

堡顶山并不太高，下午时分我们便登上了山顶。这并不太高的山顶有一种开阔的寂寞，大片大片起伏的山峦不长树木，疾倏强劲的山风里衍生着低矮的牧草，散落着山下农家赋闲的黄牛。我们在山顶古寺前的坪地里静坐一会，寂然无语地仰望天空和俯瞰山野，任无遮无拦的阳光把我们涂抹成返回襁褓之中的三个孩子，感到纯净而透明。

山顶古寺是很有气势的。这座建于清朝初年的“美元寺”，外观有如一座欧洲古城堡，坚实方正的条石砌成的高墙呈一座方城，威严地屹立在山顶与蓝天之间。

推门入寺，发现石墙内寺宇宽阔而大气，盖着片片巨大而黑冷的铁瓦。寺里居然有一老尼，捧出三杯热腾腾的清茶。烧茶的水是须到一公里外的山腰去挑的。陶永喜赶紧打开帆布书包，捧出山梨相赠，恳切地说：“这梨是干净的，早晨才从树上摘的。”老尼合掌道谢。

寺内主殿，见不到一个菩萨。老尼黯然说起了菩萨们的去向。她是外地人，已在寺内斋住多年，新近收纳了一个本地的尼姑。

新来的尼姑想撵走老尼自做寺主，便伙同了山脚一班信徒，进寺吵闹，未达目的，便抬走了寺内供奉的菩萨们。

这清寂之地也有这样不清寂的事情，更见出丰子恺先生把“人间的艺术与儿童”和“天上的神灵与明月”相提并论的感慨了。

生活变迁，隔着山水，但在我的感觉里，我和陶永喜、陶永灿总是走在一条山路上，走在我们共同的风景和心情之中……